CRECER en CRISTO

40 días
hacia
una fe
más
profunda

ARNIE COLE &
MICHAEL ROSS

inspiración para la vida

CASA PROMESA
Una división de Barbour Publishing, Inc.

Crecer en Cristo
© 2015 por Casa Promesa

ISBN: 978-1-63409-017-9

Ediciones eBook:
Edición Adobe Digital (.epub) 978-1-63409-539-6
Edición Kindle y MobiPocket (.prc) 978-1-63409-540-2

Título en inglés: Growing in Christ
© 2015 por Back to the Bible

Desarrollo editorial: *Semantics, Inc.* P.O. Box 290186, Nashville, TN 37229. semantics01@comcast.net

Publicado por Casa Promesa, P. O. Box 719, Uhrichsville, Ohio 44683, www.casapromesa.com.

Nuestra misión es publicar y distribuir productos inspiradores que ofrecen valor excepcional y estímulo bíblico a las masas.

Member of the
Evangelical Christian
Publishers Association

Impreso en Estados Unidos de América.

Contenido

JESÚS ES EL LIBERTADOR Y EL REDENTOR

JESÚS ES «EL CAMINO, LA VERDAD Y LA VIDA»

JESÚS ES "DIOS CON NOSOTROS"

DÍA 1:

UN HOMBRE JUSTO

«José, hijo de David, no temas recibir a María por esposa, porque ella ha concebido por obra del Espíritu Santo. Dará a luz un hijo, y le pondrás por nombre Jesús, porque él salvará a su pueblo de sus pecados».

—Mateo 1.20-21

→ IMAGÍNATELO

José de Nazaret — Redefiniendo el honor

No es rico en modo alguno, pero a pesar de ello la vida es buena para José. Disfruta trabajando con sus manos, edificando, creando, formando, martilleando. Su negocio de carpintero lo mantiene ocupado y el futuro parece brillante para este honrado nazareno. Una sonrisa cruza su rostro mientras ablanda la rugosa superficie de la puerta de madera que ha hecho. Una vez colocada en la casa de su vecino, la barrera de roble será robusta y fiable durante los años venideros, igual que José mismo.

Robusto y fiable, un hombre justo que observa la ley con diligencia. Lo criaron para ser este tipo de persona. Después de todo, su familia puede remontarse en su linaje hasta el rey David.

Pero José tiene una nueva razón para estar a la altura de la orgullosa herencia de su familia. Le ha entregado su corazón a una hermosa joven llamada María. (Se prepara una gran ceremonia de boda.) José imagina los incontables recuerdos que él y María compartirán como marido y mujer: copiosas comidas junto a un fuego crepitante, conversaciones sin fin hasta bien entrada la noche, la risa de los niños... muchos niños. ¡José sueña con llenar su hogar de hijos e hijas!

Entonces, un día, sus sueños quedan hechos triza.

«María. Oh, mi hermosa María. ¿Qué ocurre? Pareces algo distinta. Feliz, casi rebosante... aunque también asustada».

Su futura esposa parpadea para ahuyentar una lágrima y baja la cabeza, poniendo la mano de José sobre su abdomen. María levanta de nuevo la mirada y sus ojos se encuentran con la expresión estupefacta de él y asiente, incómoda, con la cabeza.

Sí. ¡Hay un bebé en el vientre de María! ¿Pero cómo... por qué?

José retira su mano y se marcha en silencio. Consternado, camina sin rumbo por el pueblo. Por fin llega a su casa y entra. Cierra la puerta con el pestillo, se acurruca en el suelo y empieza a llorar.

¿Cómo ha podido ocurrir? ¿Cómo ha podido traicionarme de este modo? Solo puedo hacer una cosa: liberarla del matrimonio. Debe casarse con el padre del niño.

Sin embargo, extrañamente José no siente rabia, solo una gran desilusión que se encaja como un nudo permanente en su pecho, hundiéndolo como una losa y dificultándole la respiración. ¿Cómo pudo equivocarse de esa manera, como pudo errar así? Había esperado casarse con la joven cuyo carácter y temperamento la habían hecho parecer la más agradable de todas.[1]

José se seca las lágrimas de los ojos y el sueño lo rinde. De repente, un ángel le habla en sueños.

«José, hijo de David —le dice— no deberías temer recibir a María por esposa y llevarla a tu casa, porque el bebé que ha concebido es del Espíritu Santo. Dará a luz un hijo, y cuando lo haga, le pondrás por nombre Jesús, porque salvará a su pueblo de sus pecados. ¡Dios está cumpliendo las profecías, José!

He aquí la virgen concebirá y dará a luz un hijo, y lo llamarán Emanuel.

---

1. Ann Spangler y Robert Wolgemuth, *Men of the Bible* (Grand Rapids, MI: Zondervan, 2002), pp. 318-19.

"Emanuel —anuncia el ángel—. Emanuel, Dios con nosotros".[2]

José se despierta y hace exactamente lo que el ángel de Dios le ordenó en el sueño. Confía en el Señor, aunque aquello desafía todo sentido común, aunque amenace sus planes tan bien diseñados, sus esperanzas y sus sueños, aunque suponga el ridículo, la vergüenza y que los demás lo malinterpreten. Sabe que el niño que está creciendo dentro de María es especial.

Así que toma a su novia y la lleva a su casa como su esposa, pero no consuma el matrimonio hasta que ella ha dado a luz a su hijo. Le ponen por nombre Jesús.

→ ESCÚCHALO

Explora la Palabra: Mateo 1.18-25

El embarazo de María coloca a José en una postura desesperada: ¿Cómo podría defender su integridad y su reputación si su prometida se ha quedado encinta?

Planea en silencio divorciarse de ella, algo que en aquella cultura habría sido elegante y la habrían librado a ella y a su familia de una deshonra terrible. Por todo lo que José sabía hasta ese momento, María había cometido adulterio y, según la ley, la pena para ella era la muerte y la vergüenza para su familia (ver Deuteronomio 22.13-21). Para entender lo ofensivo que era el embarazo de María tenemos que examinar la antigua cultura judía.

Los judíos tenían una costumbre especial para las parejas que se casaban. Antes de que pudieran contraer matrimonio, entraban en un periodo de compromiso que se llamaba «desposorio» y que duraba, más o menos, un año. Tras ese tiempo de espera, la pareja se casaba y solo entonces se juntaban en la unión sexual.

Pero ese desposorio difería notablemente de los compromisos modernos. Una vez que un hombre y una mujer estaban desposados, todos los consideraban como un matrimonio

---

2. Walter Wangerin, Jr., *The Book of God* (Grand Rapids, MI: Zondervan, 1996), p. 588.

formal. Aunque reservaban el sexo para después del casamiento (después del periodo del desposorio), se les denominaba marido y mujer. Solo la muerte o el divorcio podían disolver el vínculo. No podían echarse atrás ni tener otras citas para encontrar mejor compañero/a: básicamente se habían casado.

Uno de los propósitos era ver si los dos miembros de la pareja permanecerían fieles el uno al otro. Si la mujer quedaba encinta de otro hombre, quebrantando así los votos que le había hecho a su esposo, él podía divorciarse legalmente de ella por la ofensa y burlarse de ella en público por su pecado.

José descubrió el embarazo de María. ¿Qué haría? Su respuesta muestra su verdadero carácter:

José escuchó a Dios. Oyó lo que Dios planeaba hacer por medio de María y del Niño que llevaba en su seno. A pesar de seguir las instrucciones recibidas, José tenía que hacer mucho más que limitarse a escuchar.

José creyó a Dios. Podía haberse reído de Dios o echarle la culpa de su extraña visión a las bolas de matzah de la cena anterior. Pero creyó. No tenía por qué tomar a María por esposa. No tenía por qué llamar al niño Jesús. Pero había escuchado el mensaje y creyó que era verdad. ¿Cómo sabemos que creyó?

José obedeció a Dios. Hizo lo que Dios le dijo que hiciera. Las Escrituras usan a propósito el mismo lenguaje para describir tanto lo que Dios ordenó y lo que José hizo. ¿Qué le dijo Dios que hiciera? Dos cosas: "Recibe a María por esposa, porque ella ha concebido por obra del Espíritu Santo. Dará a luz un hijo, y le pondrás por nombre Jesús» (Mateo 1.20-21). ¿Y qué hizo José? Cuando despertó de su sueño —no lo aplazó durante semanas, sino que actuó de inmediato— «tomó a María por esposa» y cuando el Hijo nació, «le puso por nombre Jesús» (Mateo 1.24-25).

La Biblia nos dice algo más sobre el justo carácter de José: «No tuvo relaciones sexuales con ella hasta que nació su hijo» (Mateo 1.25; NTV). ¡Imagina casarte y esperar unos cuantos meses antes de tener sexo con tu esposa! Pero José puso el preservar los caminos de Dios por encima de saciar sus propios deseos carnales. No habría duda alguna sobre la procedencia de ese niño: el Espíritu Santo.

José manifestó su justicia escuchando, creyendo y obedeciendo a Dios. Tal vez experimentó el cotilleo de algunos, el aislamiento de otros, pero aún así no transigió con su integridad. Su ejemplo estableció el estándar para todos lo que luchan por ser personas de honor. Autores como Ann Spangler y Robert Wolgemuth escriben esto en su libro *Men of the Bible:* «Durante los años formativos de la infancia del Mesías, José vivió una vida coherente y ejemplar de fidelidad y obediencia a Dios. Imagina lo importante que fue que Jesús creciera con un padre cuyo carácter mereciera la pena emular».[3]

¿Quieres ser un hombre o una mujer honorable con una reputación de piedad? Fija tus ojos en el carácter de José, uno de los verdaderos héroes olvidados de la Biblia.[4]

→ Conócelo

• **Escucha cuando Dios habla.** Es una buena idea adquirir la costumbre de hacerte preguntas a diario: ¿Qué me está diciendo Dios hoy? ¿Qué me ha dicho Dios ya que yo sepa y necesite obedecer? ¿Orar sin cesar? ¿Mantener mi cuerpo puro?

• **Cree la Palabra de Dios.** A pesar de lo que digan algunos, la Biblia es más relevante que nunca. Nos enseña cómo vivir en pureza con una novia, permanecer fuera de las deudas, seguir barriendo aunque el jefe no esté en la habitación, seguir adelante después de que te hayan sacado de equipo de baloncesto. Y, lo más importante, las Escrituras nos enseña cómo crecer más cerca de Dios. Pero para que esto nos afecte tenemos que creerlo. Lo creemos, porque creemos a su Autor. Debemos creer a Dios como lo hizo José.

• **Obedecer a Dios, incluso cuando nadie está mirando.** El Señor te tiene siempre a la vista y mira con favor a quienes caminan en integridad. Si queremos tener una fe genuina,

---

3. Spangler y Wolgemuth, p. 323.
4. Una porción de esta lección devocional se adaptó de "Father Jesus" de David Barshinger, diciembre 2004 *Breakaway*, pp. 27-28.

necesitamos seguir el ejemplo de José y poner la fe en acción: obedecer al Señor en público y también cuando estamos solos.

Así que si el Señor te dice algo a través de su Palabra, como «huye de las malas pasiones» (2 Timoteo 2.22), ¿afirmas obedecer en público y después buscas excusas en privado? A menudo luchamos por obedecer a Dios, pero la obediencia activa confirma la fe verdadera.

• Ora: **«Señor, ayúdame a ser un hombre de honor como José».** Pídele a Dios que te capacite para honrarle con tus palabras, tus actos, tu vida.

Julio 2016

→ NOTAS PARA EL CRECIMIENTO

Una idea clave que he aprendido hoy:

Ser obediente
Obediencia

Cómo quiero crecer:

Escuchando a Dios
ser sensible a su palabra

Mi lista de oración:

Por mi familia, amigos (as)
Por la salud, la paz,
el orden, la Gracia
de Dios, el amor de
los hijos y familiares.
Por el crecimiento espirital.

DÍA 2:

DIOS ESCOGIÓ A MARÍA

«Tan pronto como Elisabet oyó el saludo de María,
la criatura saltó en su vientre. Entonces Elisabet,
llena del Espíritu Santo, exclamó: ¡bendita tú entre
las mujeres, y bendito el hijo que darás a luz!».

—Lucas 1.41-42

→ IMAGÍNATELO

Este será grande, y será llamado Hijo del Altísimo.

María corre a casa de su prima Elisabet y Zacarías, a unos
cien kilómetros (65 mi) de distancia (no es precisamente
un paseo vespertino). Elisabet es recta e intachable delante
del Señor, pero estéril y bien metida en años. Ya ha tirado
la toalla en cuanto a tener un hijo... hasta que su esposo,
Zacarías, recibió unas noticias asombrosas de la forma más
increíble.

Zacarías es sacerdote y descendiente directo de Aarón,
primer sumo sacerdote de Israel. Un día, recibe el mayor
honor de toda su vida, mientras servía en el templo. Como
parte de la liturgia, había sido seleccionado para la sagrada
tarea de quemar incienso para Dios.[1]

De repente, se le apareció un ángel del Señor sentado
a la derecha del altar. Cuando Zacarías lo vio, quedó perplejo y el temor se apoderó de él. Pero el ángel le dijo: «No
temas; porque tu oración ha sido oída, y tu mujer Elisabet
te dará a luz un hijo, y llamarás su nombre Juan. Y tendrás
gozo y alegría, y muchos se regocijarán de su nacimiento;
porque será grande delante de Dios. No beberá vino ni
sidra, y será lleno del Espíritu Santo, aun desde el vientre

---

1. Leith Anderson, *Jesus: An Intimate Portrait of the Man, His Land, and His People* (Minneapolis: Bethany House, 2005), p. 10.

de su madre. Y hará que muchos de los hijos de Israel se conviertan al Señor Dios de ellos. E irá delante de él con el espíritu y el poder de Elías, para hacer volver los corazones de los padres a los hijos, y de los rebeldes a la prudencia de los justos, para preparar al Señor un pueblo bien dispuesto».[2]

Zacarías se recupera del susto y pide una prueba ya que es un anciano y su esposa ya ha dejado atrás sus años fértiles. La respuesta del ángel lo sorprende.

«Yo soy Gabriel, que estoy delante de Dios; y he sido enviado a hablarte, y darte estas buenas nuevas. Y ahora quedarás mudo y no podrás hablar, hasta el día en que esto se haga, por cuanto no creíste mis palabras, las cuales se cumplirán a su tiempo».[3]

Cuando María y su prima se encuentran, el bebé de Elisabet que no ha nacido aún salta de gozo y, llena del Espíritu Santo, ella llama a María madre de su Señor. Elisabet le dice a María lo afortunada que es, no porque haya hecho algo ella misma, sino porque ha tomado al pie de la letra la palabra de Dios y ha confiado en él.

María asiente, pero se asegura de que la gloria vaya a la persona correcta. Alaba a Dios por haberla escogido, por su amor que alienta al humilde y porque lo que está sucediendo no es un plan nuevo, sino el cumplimiento de una promesa antigua.

Esto es lo que María dice, sus palabras poéticas que emulan el estilo de los profetas del Antiguo Testamento que ella había oído citar en la sinagoga:

> *«Engrandece mi alma al Señor;*
> *y mi espíritu se regocija en Dios mi Salvador.*
> *Porque ha mirado la bajeza de su sierva;*
> *pues he aquí, desde ahora me dirán bienaventurada todas las generaciones.*
> *Porque me ha hecho grandes cosas el Poderoso;*
> *Santo es su nombre,*

---

2. Ver Lucas 1.11-17.
3. Ver Lucas 1.19-20.

Y su misericordia es de generación en generación
a los que le temen.
Hizo proezas con su brazo;
esparció a los soberbios en el pensamiento de sus corazones.
Quitó de los tronos a los poderosos,
y exaltó a los humildes.
A los hambrientos colmó de bienes,
y a los ricos envió vacíos.
Socorrió a Israel su siervo,
acordándose de la misericordia
de la cual habló a nuestros padres,
para con Abraham y su descendencia para siempre».[4]

María se quedó con Elisabet y Zacarías durante tres meses, lo que le quedaba a Elisabet para dar a luz. Llegado el día, todos estaban entusiasmados cuando nació su hijo Juan. Pero los vecinos no acababan de encajar el nombre: «¿Por qué Juan? ¿Acaso no saben que el primogénito ha de llevar el nombre de su padre? Así es como el pueblo judío mantiene el nombre de la familia. ¡No hay ni un solo Juan en toda la familia!».

Pero Zacarías no iba a cometer dos veces el mismo error. Cuando el ángel Gabriel le anunció que sería padre, no lo creyó y perdió el habla. El ángel también le dijo que le pusiera el nombre de Juan, ¡y es exactamente lo que haría!

Con firmeza, escribe: «Su nombre es Juan». Y, por este acto de fe, recupera de inmediato el habla y empieza a comentar y profetizar sobre acontecimientos venideros.

→ Escúchalo

Lee Lucas 1.39-80

Es joven, pobre y prácticamente desconocida... y, sin embargo, Dios la saca de la multitud y la levanta para que ayude a cambiar el mundo. La dulce y humilde María de

---

4. Lucas 1.47-55.

Nazaret posee tres cualidades que el Señor valora: piedad genuina, profunda humildad, santidad inquebrantable.

María concibió primero a Cristo en su corazón por fe, antes de que fuera engendrado en su vientre y el testimonio de Elisabet expresa y sella el carácter íntegro de la Virgen: «¡Bendita tú entre las mujeres y bendito el hijo que darás a luz!».[5]

Nacida como el resto de las mujeres, en pecado, y formada en iniquidad tenía sus defectos humanos y necesitaba un Salvador como los demás — «Engrandece mi alma al Señor; y mi espíritu se regocija en Dios mi Salvador» (Lucas 1.47)— pero el testimonio de las Escrituras demuestra que en circunstancias de responsabilidad sin precedente tenía una personalidad fiel y piadosa; a pesar de cualquier debilidad femenina que pudiera haber tenido, era «la más pura, tierna y fiel, la más humilde, paciente y amorosa de todas las que han llevado el honroso nombre de María».[6]

→ Conócelo

• **María aprende a confiar.** ¿Nacimiento virginal? ¿El Dios Todopoderoso que viene a rescatarnos como… *un bebé indefenso*? ¿el Rey de Reyes nacido de una muchacha campesina? María tiene buenas razones para sentirse escéptica, pero en vez de dudar se limita a decir: «He aquí la sierva del Señor; hágase conmigo conforme a tu palabra». Nosotros también seríamos sabios si confiáramos en Dios con respecto a nuestro futuro, nuestra vida misma. Podemos aceptar la promesa que le hizo a Jeremías: «"Porque yo sé muy bien los planes que tengo para ustedes" —afirma el Señor—, "planes de bienestar y no de calamidad, a fin de darles un futuro y una esperanza"».

---

5. Herbert Lockyer, *All the Women of the Bible* (Grand Rapids, MI: Zondervan, 1967), p. 94.
6. *Ibíd.*

✳ *Resuélvelo:* *¿Goza Dios de tu confianza comple-ta? ¿Estás dispuesto a creer, incluso cuando lo que se te encomiende parezca imposible... y el futuro incierto?*

• **María permanece centrada.** ¿Has conocido alguna vez a una persona que parece perfectamente centrada, con-centrada y en paz, incluso cuando el resto del mundo pa-recía estar cayéndose a pedazos a su alrededor? Es más que probable que la mente, el corazón y el espíritu de esa persona estuviera enfocada en Dios. María era una de esas personas. Hoy, vivimos en un tiempo agitado, tumultuoso, en un mundo lleno de lucha, sufrimiento, dolor y tristeza. A pesar de esto, la paz interior y la estabilidad son posibles aun en medio de la confusión. Cuando nuestro corazón están en sintonía con Dios y nos centramos en su obra y su propósito para nuestra vida, podemos seguir adelante con paso seguro y con valentía hasta cuando atravesemos las circunstancias más dolorosas. La paz *es* posible, y em-pieza en él.

✳ *Resuélvelo:* *Piensa en cómo puedes aprender a mantener tu enfoque, aun cuando la vida no tenga sentido. ¿Abandonarás tus deseos personales y acepta-rás el plan de Dios para ti?*

• **Ora: «Señor, te ruego que guíes mi corazón y mi mente hacia ti para que el tipo de paz que sobrepasa toda cir-cunstancia sea posible por medio de ti».** Pídele que te ayude a combatir la duda y a aprender a confiar más en él.

→ NOTAS PARA EL CRECIMIENTO

Una idea clave que he aprendido hoy:

_____

_____

_____

Cómo quiero crecer:

_____

_____

_____

Mi lista de oración:

_____

_____

_____

DÍA 3:

LLEGA EMANUEL

«Hoy les ha nacido en la ciudad de David un
Salvador, que es Cristo el Señor. Esto les servirá
de señal: Encontrarán a un niño envuelto
en pañales y acostado en un pesebre».
—Lucas 2.11-12

→ Imagínatelo

El nacimiento de Jesús

No parece un lugar adecuado para el Rey de reyes: los animales, la suciedad, los olores, las moscas, el polvoriento y
áspero heno... ¡y no tener más que un pesebre a modo de
cuna! Pero Dios, en su infinito amor, escoge los entornos
más humildes. Nadie puede acusar a Jesús de no conocer
dificultades y dolor.

María contempla el rostro de su bebé y no solo ve a una
preciosa criatura: está escudriñando la faz de su Señor, su
majestad. Ella sabe que está sosteniendo a Dios entre sus
brazos. *Así que este es Aquel del que el ángel me habló.*

Recuerda lo que el ángel le anunció: «Le pondrás por
nombre Jesús. Él será un gran hombre, y lo llamarán Hijo
del Altísimo. Dios el Señor le dará el trono de su padre
David, y reinará sobre el pueblo de Jacob para siempre. Su
reinado no tendrá fin».[1]

Pero en ese preciso momento, el bebé Jesús parece
cualquier cosa menos un rey. Su rostro es rojizo y parece
una ciruela pasa. Su llanto, aunque fuerte y saludable, sigue

---

1. Ver Lucas 1.31-33.

siendo el grito indefenso y desgarrador de un bebé.[2] Y su bienestar depende por completo de María.[3]

Sobre el pesebre, el cielo se rasga con una multitud de huestes celestiales que alaban a Dios y prometen paz en la tierra a aquellos que le complazcan: «Gloria a Dios en las alturas, y en la tierra paz a los que gozan de su buena voluntad».[4]

Al retirarse el coro angelical al cielo, los pastores hablan sobre ello. «Vamos a Belén, a ver esto que ha pasado y que el Señor nos ha dado a conocer». Se marchan, corriendo, y encuentran a María, a José y al niño acostado en el pesebre. Ver es creer. Le cuentan a todos aquellos con los que se encuentran lo que los ángeles dijeron sobre este niño. Todos los que oyen a los pastores quedan impresionados.[5]

Mientras tanto, María sigue siendo tan obediente como siempre.

→ Escúchalo

Lee Lucas 2.1-20

Dos cosas me impresionan (a mí, Arnie) cuando leo este pasaje:

No puedo evitar pensar en el estigma de ser madre soltera en la cultura judía primitiva. Imagina las miradas de enojo y los crueles comentarios de aquellos que una vez tuviste por amigos. A pesar de que el mundo de María se viera alterado para siempre, de una forma extraordinaria, ella sigue comprometida con el plan de Dios.

En segundo lugar, Dios no envía el anuncio supremo del nacimiento a los reyes, los grandes intelectuales ni tan siquiera a las celebridades. En su lugar, lo primero que comparte el Creador del universo es gran gozo con sencillos y humildes pastores. (¡Al parecer, las altas posiciones no le impresionan demasiado!)

---

2. Max Lucado, *God Came Near* (Portland, OR: Multnomah Press, 1987), p. 23.
3. *Ibíd.*
4. Lucas 2.14.
5. Ver Lucas 2.15-18, versión *The Message*, traducción literal.

¿Están tus ojos fijos en el fiel amor de Dios? ¿Podemos ver más allá de nuestros propios problemas y experimentar su amor, como lo hizo María? Si estás teniendo problema con eso, ten en mente que parte de su amor implicó descender hasta nuestro nivel para vivir en este mundo sucio, infestado de pecado, en la persona de su Hijo. Acerquémonos más y miremos con detalle a este Hijo...

Sin belleza. «No había en él belleza ni majestad alguna; su aspecto no era atractivo y nada en su apariencia lo hacía deseable» (Isaías 53.2).

Sin reputación. La Biblia describe a Jesús como aquel que «se rebajó voluntariamente, tomando la naturaleza de siervo y haciéndose semejante a los seres humanos» (Filipenses 2.7).

Sin pecado. «Al que no cometió pecado alguno, por nosotros Dios lo trató como pecador, para que en él recibiéramos la justicia de Dios» (2 Corintios 5.21).

→ Conócelo

• **Conoce al Dios maravilloso.** «Porque un niño nos es nacido, hijo nos es dado, y el principado sobre su hombro; y se llamará su nombre Admirable (Isaías 9.6; rvr1960). Aun ahora está obrando en las mismas formas asombrosas que cuando creó el cielo y la tierra. Nuestro desafío para ti en los días que tienes por delante: Lucha por conseguir la imagen panorámica de Jesús y siéntete atraído hacia él con nuevo *asombro* y *admiración.*

✳ *Cuando piensas en Jesús ¿qué imágenes te vienen a la mente? ¿Te sientes atraído por él con asombro y admiración? (Explica, por favor.)*

• **Céntrate en la imagen de Cristo.** Su belleza sale desde su interior. Sus ojos irradian una paz sin límite; su sonrisa habla de un gozo incomprensible. Sobre todo, su corazón late con un amor infinito.

✳ *¿En ocasiones las opiniones negativas de escepticismo sacuden tu fe? (Explica, por favor.) ¿Eres capaz de ceñirse a lo que Dios dice que es verdad... incluso frente a los que dudan?*

• **Ora: «Señor, guíame hoy; ayúdame a conocer el propósito que has creado exactamente para mí».** Pídele a Jesús que te de la clase de obediencia que demostró María. Ruégale que centre tu visión en su amor sin fin.

→ NOTAS PARA EL CRECIMIENTO

Una idea clave que he aprendido hoy:

_____
_____
_____

Cómo quiero crecer:

_____
_____
_____

Mi lista de oración:

_____
_____
_____

CRIANDO A DIOS

«Al cabo de tres días lo encontraron en el templo,
sentado entre los maestros, escuchándolos y
haciéndoles preguntas. Todos los que le oían se
asombraban de su inteligencia y de sus respuestas».
—Lucas 2.46-47

→ IMAGÍNATELO

El niño Jesús en el templo

Para los jóvenes, en la cultura judía, el decimosegundo cumpleaños de un niño marca su paso a la hombría y el comienzo de cosas nuevas e importantes en las que pensar: establecer su identidad, su misión, sus creencias.

Jesús tiene doce años, casi trece, cuando sus padres lo llevan a Jerusalén para la fiesta de la Pascua. El viaje desde Nazaret a Jerusalén requiere cuatro días a pie por terreno escabroso, donde merodean ladrones y proscritos, de modo que muchos de su ciudad recorren el camino en grupo.

Cuando llegan, Jerusalén rebosa con el ruido de la celebración. Cada día, centenares de personas entran en manada por una puerta del templo con sus ovejas, mientras otros centenares salen por otra, llevando trozos sangrantes de carne y la piel del animal que han sacrificado.

Cuando la semana de fiesta toca a su fin, María y José inician su penoso viaje de regreso. María camina con las demás mujeres y, probablemente imagina que Jesús está con José, mientras que este cree que está con ella. Cuando se reúnen por la noche se llevan un sobresalto al ver que no está con ninguno de ellos.

María y José peinan primero el campamento y, después, pasan tres días buscando por las calles de Jerusalén. Acuden a todas las atracciones de la fiesta que podrían interesarle a un niño de la edad de Jesús, sin poder imaginar siquiera que ha estado pasando el rato con los eruditos religiosos del templo. Sin embargo, allí está, escuchando educadamente y formulando preguntas a los principales maestros, asombrándolos a todos con sus sólidos conocimientos y sus profundas respuestas.

Como cualquier madre, María está molesta cuando por fin pone sus ojos sobre su hija. Así es como el escritor Walter Wangerin, Jr. recrea la escena:

María voló entre las columnas y descubrió a unos diez hombres sentados en círculo, jóvenes y viejos... ¡y un niño! Eran rabinos. Maestros y estudiantes, y...

«¡Yeshi!», gritó ella. Cesó toda conversación. «Yeshi, ¿qué estás haciendo aquí?».

Todos se giraron y la miraron. Jesús también se dio la vuelta, pero con la mirada serena y una calma exasperante.

Un rabino contestó: «El muchacho está estudiando la ley. Tiene una comprensión maravillosa...».

María apenas le escuchó. Corrió hacia Jesús y tomó su rostro entre sus manos. «¿Por qué nos has hecho esto?», pregunta en un suspiro. Estaba a punto de llorar. Por ello, gritó a pleno pulmón: «¡Tu padre y yo llevamos varios días buscándote por la ciudad! ¡Yo no habría tratado nunca a mis padres de esta manera! ¡Yeshi, me moría de inquietud!».

«Mamá —respondió el niño—, ¿por qué me buscaban?».

«¿Qué? ¿Qué estás diciendo?».

«¿Acaso no sabías dónde estaría? ¿No sabes que debo estar en la casa de mi Padre?».

María dejó de gritar. Soltó el rostro de su hijo observando las marcas rosadas donde sus manos lo habían estrujado. No, no comprendía lo que él le estaba diciendo. Tampoco lo entendía a él.

Explora la Palabra: Lucas 2.41–52

«¿Por qué me buscaban? ¿No sabían que tengo que estar en la casa de mi Padre?» (Lucas 2.49). Estas son las primeras palabras pronunciadas por Jesús en el Nuevo Testamento. Antes de ese tiempo, nadie se había referido a Dios como «mi Padre». Nadie había hablado del Creador en una forma tan personal e íntima. En esas pocas palabras descubrimos una inmensa verdad que hace trizas cualquier mito sobre cómo piensa nuestro joven Mesías: sabía que su verdadera identidad era servir a Dios y hacer su voluntad.

¿Cómo puede un niño de doce años ser tan consciente de sus responsabilidades? Sabe que tiene una responsabilidad para con sus padres —pero que la que tiene de hacer la voluntad de su Padre está primero. No le distrae saber que sus actos causarán inquietud en sus padres. Acepta su lugar en la vida: pertenece a la casa de su Padre. Está centrado en la eternidad. A diferencia de otros chicos de su edad, los deseos egoístas y vivir el momento ni siquiera importaban.

Aun siendo plenamente humano y por completo Dios, desde muy temprana edad Jesús sabía absolutamente quién era. No podemos entenderlo. Nadie sabe cuánto tenía que mantener su frágil lado humano bajo control para permanecer comprometido con sus valores. Pero como joven, Jesús muestra que es consciente de quién era: el hijo de sus padres. Regresa a casa con María y José, respetando la autoridad de ellos y su condición de Hijo de Dios no infla su ego. Manifiesta humildad y sigue aceptando su identidad en el cielo y en la tierra.

Hasta para Jesús resultaba difícil en ocasiones mantener en orden sus responsabilidades y sus creencias. Comprende nuestras luchas, porque pasó por ellas también (¿recuerdas su tentación en el desierto?) Aunque provocó la preocupación de sus padres, nunca pecó. Su viaje a la hombría estaba en el camino correcto, porque era Dios quien había establecido su curso.

Así que no olvides nunca preguntarte: ¿Cómo pensaba Jesús?

→ Conócelo

• **Piensa de manera distinta sobre ti mismo.** A ojos del mundo, tu identidad está envuelta en quién conoces, qué haces, cuán inteligente o atlético eres o cuál sea tu aspecto. Pero a los ojos de nuestro Padre celestial lo que importa es de quién eres: Suyo. Dios no valora a nadie en el mundo más que a ti. Te conoce por completo... mejor que tú mismo. Y para él eres único en tu especie, de valor incalculable y más amado de lo que puedas creer. Solo esta verdad debería transformar la forma en que te ves a ti mismo.

• **Piensa en la verdad.** Comprueba estas percepciones, que no puedes perderte, de J. I Packer, un erudito cristiano que ha escrito una tonelada de libros transformadores de vida: «Todos fuimos creados para ser portadores de la imagen de Dios... Estamos hechos de tal manera, creo, que solo estamos en paz con nosotros mismos cuando lo que nuestra mente está captando y lo que estamos obedeciendo de forma consciente es la verdad de Dios. La vida humana carece de dignidad hasta que llegas a este punto».

• **Piensa en tus valores.** De niño, tus padres te dicen lo que tienes que hacer. Madurez significa defender lo que es correcto y vivir según tus convicciones, y no guiándote por lo que a la multitud le parezca guay. Una vez determinados y priorizados tus valores, te sentirás seguro para dar el siguiente paso en el proceso de edificar la vida que más desees. Considera en qué tienes preguntas y comprométete a buscar la verdad: en la Biblia, a través de un pastor, de un amigo de confianza o de un miembro de la familia.

• **Ora: «Señor, ayúdame a pensar como lo hace Jesús y a verme como tú me ves».** Pídele a Jesús que te dé el valor de buscar respuestas a tus preguntas, la humildad para aceptarlas y la fe para entregarle tus deseos plenamente a él. Ruégale que traiga las fuentes de su verdad a tu vida para que te moldee y te conviertan en el hombre que él quiere que seas.

→ Notas Para El Crecimiento

Una idea clave que he aprendido hoy:

_____

_____

_____

Cómo quiero crecer:

_____

_____

_____

Mi lista de oración:

_____

_____

_____

DÍA 5:

JUAN EL BAUTISTA PREPARA EL CAMINO

> «Yo bautizo con agua, pero entre ustedes hay
> alguien a quien no conocen, y que viene después
> de mí, al cual yo no soy digno ni siquiera de
> desatarle la correa de las sandalias».
> —Juan 1.26-27

→ IMAGÍNATELO

Una voz que clama en el desierto

Varios de los judíos de Jerusalén, los sacerdotes y los levitas no saben qué hacer con Juan el Bautista. Vive en el desierto de Judea, viste ropa rústica de pelo de camello con un cinturón de cuero alrededor de la cintura, y sobrevive con una dieta de langostas y miel silvestre, algo muy similar a las descripciones de Elías.

Sin embargo, a pesar de su espeluznante aspecto, Juan puede predicar... y está arrastrando a grandes multitudes. La gente se reúne en torno a él con hambre espiritual y su fascinación por esta personalidad excéntrica y su voz de mando. Y algunos están empezando a susurrar entre ellos: «¿Será este el Cristo?».

Miles de años antes, Dios había prometido al Salvador de Israel y Juan incluso hablaba las palabras del profeta Isaías describiéndose a sí mismo como: «Una voz proclama: Preparen en el desierto un camino para el Señor; enderecen en la estepa un sendero para nuestro Dios».[1]

---

1. Isaías 40.3.

Juan es tan poco común que los líderes religiosos saben que tienen que investigar.

«No soy el Cristo», les dice Juan.

A continuación preguntan si él es Elías, el profeta del Antiguo Testamento que fue arrebatado al cielo centenares de años antes, un hombre que según creían algunos regresaría para anunciar al Cristo.

«No lo soy», responde Juan.

Desesperados, piden una respuesta que poder llevarles a sus superiores. Es entonces cuando Juan cita a Isaías y les dice básicamente: «Mi trabajo consiste en decirles que enderecen sus vidas, ¡porque Dios está en camino!».

Está empezando a molestar a los investigadores. Después de todo, han venido a interrogarlo no a que les prediquen. Así que exigen saber: «Entonces, ¿por qué bautizas si no eres el Cristo ni Elías ni el Profeta?».

Juan les da una respuesta que ellos no esperaban en absoluto. Les dice que allí, justo entre ellos, hay alguien a quien no conocen, alguien cuyas sandalias él no es digno de desatar. En esta cultura, desatar las sandalias se consideraba un trabajo de tan bajo nivel que solo los esclavos realizaban. Juan deja, pues, claro que no está predicando impulsado por un ego inflado ni por delirios de grandeza. Está allí para prepararlos para otros, alguien de quien él ni siquiera es digno de ser esclavo.

De repente, Juan ha captado la atención de todos. La «voz del que clama en el desierto» es tan fuerte y persistente que se escucha incluso en el palacio del rey.

→ ESCÚCHALO

Lee Juan 1.19-28

Había algo en Juan el Bautista que la gente se tomaba en serio. Dondequiera que iba, todos se detenían y escuchaban. Parecía pulsar una cuerda universal; una que sigue siendo verdad hoy. Sus palabras en el libro de Juan traspasa los corazones con un sentido profundamente arraigado de que la humanidad ha fracasado, que todos debemos encontrar un camino para ser purificados de nuestros pecado.

La respuesta: Jesucristo.

La gente normal gravita hacia este mensaje simple y práctico, lleno de esperanza. Los ciudadanos de Israel sabían que no había forma realista en que ellos pudieran medirse siquiera a las normas de los fariseos.[2] Pero cuando fueron bautizados en el río Jordán, fue un acto específico en un momento concreto.[3] Supieron que estaban preparando su ama para la llegada del Mesías.

El erudito bíblico, Dr. Craig G. Bartholomew, arroja luz sobre algunos elementos clave de la misión de Juan como precursor del Señor:

> *El mensaje de Juan consiste en que los súbditos de Dios deben arrepentirse —apartarse del pecado, buscar su salvación prometida— y ser bautizados en agua. Cuando esto ocurre es importante ya que, para los judíos, la geografía está empapada de significado simbólico. Juan bautiza en el río Jordán, porque fue allí por donde, más de mil años antes, Israel entró en la tierra prometida para convertirse en la luz de Dios para las naciones. El regreso de Juan a ese lugar señala un nuevo comienzo para Israel, una nueva invitación de Dios para llevar a cabo esa tarea original (descuidada durante tanto tiempo). El bautismo es un símbolo gráfico de este nuevo principio que sugiere purificación del pecado. El pueblo de Dios está cruzando (simbólicamente) el Jordán una vez más, entrando a la tierra, limpio y preparado para asumir de nuevo su tarea.[4]*

---

2. Anderson, *Jesus: An Intimate Portrait of the Man, His Land, and His People*, p. 30.
3. *Ibíd.*
4. Craig G. Bartholomew y Michael W. Goheen, *The Drama of Scripture: Finding Our Place in the Biblical Story* (Grand Rapids, MI: Baker Academic, 2004), p. 133.

→ Conócelo

• **Arrepiéntete y haz camino para el Señor.** ¿Estás escuchando la «voz del que clama en el desierto»? El periodista, autor y persona mediática inglés ya fallecido, Malcolm Muggeridge, declaró en una ocasión esto sobre Jesús: «Dios extiende su mano hacia abajo para relacionarse con el hombre y este alarga su mano hacia arriba para relacionarse con Dios. El tiempo mira a la eternidad y esta mira al tiempo, convirtiendo el ahora en siempre y el siempre en ahora. Todos se transforma por este drama sublime de la Encarnación, la parábola especial de Dios para el hombre caído en un mudo caído... Viviendo con él, por él y en él podemos volver a nacer para convertirnos en nuevos hombres y mujeres en un mundo nuevo».[5]

* **Resuélvelo:** *¿Qué significa «enderezar el camino para el Señor»? ¿Cómo se aplica este mandamiento a tu vida?*

• **Deja que la verdad te libere:** «Jesús se dirigió entonces a los judíos que habían creído en él, y les dijo: "Si se mantienen fieles a mis enseñanzas, serán realmente mis discípulos y conocerán la verdad, y la verdad los hará libres"» (Juan 8.31). En este versículo engañosamente sencillo, Jesús nos dice que si seguimos sus enseñanzas conoceremos su verdad y seremos liberados. Suena fantástico, ¿verdad? El problema es, sin embargo, que a veces parece como si estuviéramos siguiendo las enseñanzas de Jesús en lo externo, pero por dentro no le hubiéramos entregado aún todo nuestro corazón.

* **Resuélvelo:** *¿Estás preparado para entregárselo todo —la totalidad de tu corazón— a Jesús? ¿Por qué o por qué no? (Explica, por favor.) Comparte aquello que Jesús tiene que limpiar de tu vida.*

---

5. Malcolm Muggeridge, *The End of Christendom* (Grand Rapids, MI: William B. Eerdman Publishing, 1980) pp. 51-54.

• Ora: «Señor, ayúdame a entender el don maravilloso e infinito que me has dado por medio de la gracia de tu hijo Jesucristo». Pídele que le dé un codazo a tu corazón y te ayude a ser sensible al pecado y que no te sientas cómodo con él. Pasa algún tiempo arrepintiéndote de tus pecados.

→ ## Notas Para El Crecimiento

Una idea clave que he aprendido hoy:

_____

_____

_____

Cómo quiero crecer:

_____

_____

_____

Mi lista de oración:

_____

_____

_____

DÍA 6:

JESÚS RECIBE EL ESPÍRITU SANTO

«En seguida, al subir del agua, Jesús vio que el cielo se abría y que el Espíritu bajaba sobre él como una paloma. También se oyó una voz del cielo que decía "Tú eres mi Hijo amado; estoy muy complacido contigo"».

—Marcos 1.10-11

→ IMAGÍNATELO

Creencia, bautismo... y valentía del Espíritu Santo

En medio de las multitudes que venían a diario para ser bautizado en el Jordán, apareció una figura apartada del resto. Juan se giró y vio al hombre de pie, río arriba, entre algunos juncos, esperando. La luz del sol que se reflejaba en el agua brillaba en su rostro, haciendo brillar la carne bajo sus cejas y sus pómulos, bajo su nariz y su barbilla.

Sus ojos eran color ámbar, y miraban directa y fijamente a Juan.

Estaba bien afeitado, como un romano o, como pensó Juan, a la manera de los profetas que lamentan por el futuro y, para ello, se rasuran la barba.

¡Ojos color ámbar! Juan reconocía aquellas córneas doradas, limpias, lacónicas y casi translúcidas. Nadie más tenía una mirada tan insondable. Debía de ser el primo que Juan no había vuelto a ver desde la Pascua, cuando murió su padre. ¡Habían transcurrido dieciocho años! Dieciocho años y aquellos ojos seguían teniendo esa rica mirada de gruesos párpados. Era aquel de quien su madre dijo una vez: «Es mi Señor».

El hombre entre los juncos alzó su mano y saludó.

Juan asintió con la cabeza. Entonces, ¡era Jesús! ¡Aquel era Jesús!

Jesús empezó a vadear río abajo, hasta las aguas más profundas donde Juan se encontraba.

Cuando estuvieron frente a frente, Juan vio las motas cobrizas del iris de los ojos de su primo.

Jesús le pidió: «Juan, bautízame».

Durante un momento, Juan vaciló.

«Juan —repitió Jesús—, bautízame». Sin esperar un asentimiento, cerró los ojos, se hundió y se deslizó bajo el agua. Si largo cabello flotó en la superficie durante un breve instante y, después, también se hundió en la oscuridad y desapareció.

Para Juan, fueron acontecimientos rápidos, intensos. Tantas cosas pasaron a toda velocidad por su mente: su familia, su pasado, sus firmes convicciones, el futuro de su pueblo, Israel.

El día, el tiempo y todos los sucesos se contraían ahora en un pequeño foco: este aire, este tramo redondo del río apacible y tranquilo bajo la luz del sol y este silencio repentino, preternatural.

El tiempo pareció detenerse, y cuando Juan volvió en sí no podía recordar cuánto tiempo había estado Jesús echado sobre el lecho del río.

Rápido y preso del pánico, golpeó el agua con la palma abierta de su mano y gritó: «Hijo de la luz del reino venidero, ¡levántate!».

Se hizo un silencio resplandeciente y continuado; entonces Jesús, como un gran pez, se levantó del agua y, de inmediato, los cielos se abrieron en dos sobre sus cabezas y descendió volando una paloma, una paloma blanca, de un blanco cegador que se posó en el hombro de Jesús —fuego blanco junto a su rostro—; en ese mismo instante, se oyó una voz del cielo que decía: «Tú eres mi Hijo amado; estoy muy complacido contigo».

Enseguida Jesús empezó a apartarse de Juan y se dirigió hacia la orilla oriental del río. Su expresión era intensa pero indescifrable. Casi parecía moverse como un lobo

—como un depredador que sigue un olor invisible—, tanto que la gente que estaba en tierra retrocedió y le abrió paso.

Jesús se estaba retirando del público con algún propósito férreo.

Y entonces Juan vio que la paloma blanca volaba en espiral por delante de Jesús, guiando su camino.

¡No era una paloma cualquiera! ¡No era otro que el Espíritu Santo que había revoloteado sobre las aguas salvajes de la creación y, de nuevo, sobre las aguas del diluvio!

Juan se llevó sus enormes manos a la garganta y susurró: «Tú, Jesús, eres mayor que yo... tu vida será más asombrosa que la mía. ¡Dondequiera que te esté llevando ahora el Espíritu Santo, que Dios te ayude! Que Dios te ayude, primo».

→ Escúchalo

Explora la Palabra: Marcos 1.9-13

Antes de iniciar su ministerio, Jesús hizo tres cosas: Comprometió su vida a cumplir la voluntad de Dios cualquiera que fuera el precio; fue bautizado en público; recibió el Espíritu Santo. Jesús sabe que la Tercera Persona de la Trinidad es una verdadera «brújula» para nuestras almas, el Ayudador que guía nuestros pasos, el Espíritu de Verdad mismo.[1]

Parte del bautismo de Cristo pretendía ser en público, una forma de identificarse con los que vino a salvar; un símbolo de solidaridad con la humanidad.[2] Sin embargo, otra parte era sumamente personal. El Espíritu Santo autorizó a Jesús cuando salió del agua y entonces Dios pronunció una bendición en su vida: «Tú eres mi Hijo amado; estoy muy complacido contigo».

Yo (Michael) solo puedo imaginar que Jesús guardó este recuerdo muy presente en su mente, sacando de él su

---

1. Ver Juan 14.15-18.
2. Anderson, *Jesus: An Intimate Portrait of the Man, His Land, and His People*, p. 33.

fuerza mientras soportaba la carga que llevaba. Yo también me aferro con fuerza a las promesas de Dios cuando afronto un desafío o cuando necesito ayuda para dilucidar qué senda seguir. Y, al tomar un paso de fe, me recuerdo a mí mismo lo que Dios piensa realmente de mí: «Así manifestó Dios su amor entre nosotros: en que envió a su Hijo unigénito al mundo para que vivamos por medio de él. En esto consiste el amor: no en que nosotros hayamos amado a Dios, sino en que él nos amó y envió a su Hijo para que fuera ofrecido como sacrificio por el perdón de nuestros pecados» (1 Juan 4.9-10).

Necesitamos la bendición de Dios. Necesitamos al Espíritu Santo para que guíe nuestro camino.

→ Conócelo

• **Pídele al Señor que te revele su plan para tu vida.** Como seguidores de Cristo debemos poner nuestra voluntad en el plan de Dios en lugar de intentar forzar su voluntad en nuestros planes. Dedica esta semana tiempo a reflexionar y orar, pidiéndole al Señor que te muestre su visión para tu vida. Considera los dones y los talentos que Dios te ha dado. Pídele que te revele cómo sería su voluntad buena, agradable y perfecta para ti (Romanos 12.2).

> ✳ *Resuélvelo: ¿Estás buscando el designio de Dios para tu vida o estás siguiendo tu propio programa? Ahora formúlate dos preguntas fundamentales: ¿Cómo encuentro mi lugar dentro del cuerpo de Cristo? ¿Cómo escojo una senda en la vida que me lleve en la dirección que él desea?*

• **Escucha al Espíritu Santo.** Cuando tienes una estrecha relación con Jesús, que se nutre a través de la oración y de un compromiso con la Biblia, él te dirá lo que quiere que hagas, momento a momento. El Señor no solo dirige tus pasos con sólidas respuestas de las Escrituras, sino que también se comunica contigo a lo largo del día, respondiendo a tus preguntas y ofreciendo dirección. Literalmente caminas en su presencia minuto a minuto. El Espíritu Santo trata con cada creyente de una forma persona e íntima, convenciéndonos, dirigiéndonos e influyendo en nosotros. A medida que nos acercamos más y más a Jesús, tus instintos serán más sensibles a su influencia. Toda tu mente y espíritu estarán más sintonizados con Dios, y empezarás a escucharle de una forma más clara, como lo harías con un buen amigo.

> ✻ *Resuélvelo: El Señor te dio una voluntad libre para que le siguieras o para que desobedecieras. Piensa en un momento de tu vida cuando sentiste que el Señor te estaba guiando por una senda específica de la vida. Ahora considera esto: La dirección del Señor suele llegar a través de tu propia conciencia, una especie de convicción creciente de que un cierto curso de acción es justo el que él quiere que adoptes. O tal vez se te dé en el consejo de amigos de sentido común, los que más te aman. Dios habla en ocasiones a través de nuestras circunstancias y nos guía, cerrando puertas y también abriéndolas. Él te hará saber lo que debes hacer y lo que debes ser. ¿Qué te está diciendo ahora mismo?*

• **Ora: «Señor, revela tu propósito eterno para mi vida».** Pídele a Jesús que dé valor para buscar respuestas a tus preguntas, la humildad para aceptarlas y la fe para entregarle tus deseos por completo a él. Pídele que traiga las fuentes de su verdad a tu vida que te moldeen hasta ser la persona que él quiere que seas.

→ NOTAS PARA EL CRECIMIENTO

Una idea clave que he aprendido hoy:

_____

_____

_____

Cómo quiero crecer:

_____

_____

_____

Mi lista de oración:

_____

_____

_____

DÍA 7:

PELIGROSO ENTRENAMIENTO EN EL DESIERTO

«Entonces Jesús le dijo: Vete, Satanás, porque
escrito está: Al Señor tu Dios adorarás, y a
él sólo servirás. El diablo entonces le dejó; y
he aquí vinieron ángeles y le servían».
—Mateo 4.10-11

→ IMAGÍNATELO

Jesús vence al diablo

Lleno del Espíritu Santo, Jesús viaja a lo profundo del desierto para un intenso «entrenamiento espiritual». El Salvador pasa cuarenta días y cuarenta noches caminando por los páramos de Judea, solo, sin comida ni abrigo. Es un terreno salvaje, desolado, un lugar peligroso. Por la noche, las temperaturas caen hasta dígitos que hielan los huesos. A mediodía, el calor del sol se hace intolerable.

Cansado y luchando contra el sordo dolor de la inanición, Jesús empieza la Prueba.

Jesús está descansando en un lugar sombreado, a la sombra de una roca. Tiene los ojos cerrados y se apoya contra la piedra gigante. De repente, la siente: una presencia helada, la presencia del mal.

El Señor levanta la cabeza y mira de reojo. A unos pocos metros, un destello de luz blanca se levanta desde el desierto hasta el cielo, el resplandor del poder sobrenatural. Lentamente, en el centro de esa luz va apareciendo la imagen de un hombre apuesto. La luz es esta curiosa figura.

Con un tono arrogante, aunque casi compasivo, la luz habla. «Como eres el Hijo de Dios, pronuncia la palabra que convierta estas piedras en panes».[1]

Al principio, Jesús ni se pone de pie ni contesta. Mira la luz como si fuera una bestia salvaje que olfateara demasiado cerca de él. Luego vuelve a cerrar los ojos y, con voz ronca, susurra: «Escrito está; el hombre no vivirá solo de pan, sino de toda palabra que sale de la boca de Dios».

De pronto, la fría presencia engulle por completo a Jesús. Se levanta un viento que empieza a aullar. Cuando el Señor abre los ojos, descubre que la luz lo ha rodeado por completo, anulando el desierto en una niebla pálida. Entonces siente una base debajo de él. Está de pie y la luz lo libera, apartándose a un lado y Jesús puede ver que ha sido transportado a la esquina más alta del muro del templo. Dispersada como guijarros debajo de él está la Ciudad Santa, Jerusalén. Allí, los sacerdotes hacen sonar las trompetas que acompañan el Año Nuevo. Aquí, el aire es ligero y la altura vertiginosa.[2]

La luz glacial habla de nuevo. «Salta y demuestra que eres el Hijo de Dios». La presencia lo incita, citando el salmo 91: «Las Escrituras declaran que Dios enviará a sus ángeles para guardarte de todo daño, ellos impedirán que te estrelles sobre las rocas de ahí abajo».[3]

Jesús contrarresta con una cita de Deuteronomio: «¡También dice que no sometas al Señor tu Dios a una prueba necia!».

En un abrir y cerrar de ojos, la Santa Ciudad se desvanece y Jesús ya no está sobre el muro del templo. Ahora está en un lugar infinitamente más alto que cualquiera construido por manos humanas. De pie sobre una montaña cósmica, la presencia gesticula de forma expansiva, señalando todos los reinos de la tierra, lo gloriosos que son todos ellos. Luego dice: «Son tuyos con todo incluido. No tienes más que postrarte de rodillas y adorarme, y serán tuyos».

---

1. *Ibíd.*, Mateo 4.3.
2. Walter Wangerin, Jr. *The book of God* (Grand Rapids, MI: Zondervan, 1996), p. 623.
3. Ted Miller, *The Story* (Wheaton, IL.: Tyndale, 1986), p. 316.

Pero Jesús no contempla los reinos del mundo y su negativa es severa: «Te conozco. Sé qué tipo de ángel eres. Satanás, tentador, traidor... ¡fuera de aquí!». El Salvador respalda su reprensión con otra cita de Deuteronomio. «Adora al Señor tu Dios y solo a él. Sírvele con absoluta lealtad».

En un instante, Jesús está sentado de nuevo en el desierto, apoyado contra una roca. La Prueba ha acabado y el diablo se ha ido. En vez de la presencia glacial hay calidez, paz y bondad. Ángeles descienden del cielo para ocuparse del Salvador.[4]

→ Escúchalo

Explora la Palabra: Mateo 4.1-11

Cuando el engañador golpea y la tentación se caldea, Jesús lucha con el arma ofensiva perfecta: la Espada del Espíritu, la Palabra de Dios (ver Hebreos 4.12). Contiene la verdad y esta puede desviar o apuñalar las mentiras de Satanás. Tiene un lado muy afilado que llega hasta un punto mortífero. Y, como demuestra el Señor, si se maneja bien puede atacar al enemigo y acabar con la tentación antes de que tenga una posibilidad de crecer hasta convertirse en un monstruo arrollador.

Yo (Arnie) puedo dar testimonio del poder sobrenatural que hay en las Escrituras. El libro de Efesios hace una lista de los elementos que debemos vestir cuando vamos a pelear contra el enemigo. La mayoría de los artículos son defensivos. Se nos da la única arma ofensiva que necesitamos: «la espada del Espíritu que es la palabra de Dios» (Efesios 6.17).

¿Necesitas ayuda para resistir al diablo? ¿Se está llevando la tentación lo mejor de ti? Sigue las pisadas de nuestro Salvador.

---

4. Esta historia está adaptada de *Tribe: A Warrior's Heart* de Michael Ross (Carol Stream, IL: Tyndale House Publishers, © 2004), pp. 89-90.

→ Conócelo

• **Entiende la verdad sobre el enemigo.** Satanás y sus tropas están atacando cruelmente el reino de Dios. Su objetivo: nuestras almas. Con todo, como ser creado, Satanás no es un ser soberano, todopoderoso, y, desde luego, no es igual a Dios. Lo que es más, el cristianismo no es una religión dualista, una fe en la que dos poderes opuestos, pero iguales, luchan por el control. Aun así, muchos seguidores de Cristo viven como si Satanás fuera tan poderoso como Dios. ¡Nada podría alejarse más de la verdad! Porque Dios es soberano, Satanás no tiene ninguna posibilidad.[5]

✳ **Resuélvelo:** *considera tus debilidades espirituales. Comparte tu mayor tentación ahora mismo, así como lo que te ha resultado más útil para vencerla. ¿Qué tentaciones y pecados dañan tu relación con Jesús?*

• **Tómate muy en serio los secretos de Cristo para ganar la batalla.** Colosenses 3.16 dice a los cristianos «que habite en ustedes la palabra de Cristo con toda su riqueza» y en Filipenses 4.7 promete que «la paz de Dios... cuidará sus corazones y sus pensamientos en Cristo Jesús». Hebreos 2.14 nos asegura que Cristo dejó sin poder el temor que Satanás inspiraba a la humanidad: «Por tanto, ya que ellos son de carne y hueso, él también compartió esa naturaleza humana para anular, mediante la muerte, al que tiene el dominio de la muerte, es decir, al diablo».

✳ **Resuélvelo:** *El Señor ha armado a cada cristiano con armas espirituales repletas de «poder divino»: (1) la espada del Espíritu —la Santa Biblia— y (2) la oración. ¿Cómo usarás estas armas para ganar la batalla sobre la tentación en tu vida? ¿Está haciendo la Palabra de Dios una diferencia en tu vida? ¿Por qué o por qué no? (Explica.)*

---

5. A Scott Moreau, *Essentials of Spiritual Warfare* (Colorado Springs, CO: Shaw Books © 2000), p. 111.

• **ORA: «Señor, ayúdame a resistir al diablo y a apartarme de la tentación».** Pídele a Jesús que te proteja de los malvados ardides de Satanás. Pídele que te dé victoria sobre el pecado.

→ Notas Para El Crecimiento

Una idea clave que he aprendido hoy:

_____

_____

_____

Cómo quiero crecer:

_____

_____

_____

Mi lista de oración:

_____

_____

_____

_____

JESÚS ES EL JUSTO

DÍA 8:

PESCADORES DE HOMBRES

«Vengan, síganme —les dijo Jesús—, y los
haré pescadores de hombres». Al instante
dejaron las redes y lo siguieron».
—Mateo 4.19-20

→ **Imagínatelo**

Juan — *pescador y apóstol*

La pesca es la vida de Juan. Apenas al final de su adolescencia, ya está convencido de que echar las redes al mar y sacar a tierra la gran captura es una buena manera de ganarse la vida. No solo pone comida en su mesa, sino que es algo familiar y hay que hacerlo. Juan y su hermano Jacobo son socios de su padre en una próspera empresa pesquera.

Poco imagina Juan que Dios tiene en mente una captura mayor.

Un día, mientras prepara las redes como de costumbre con su padre y su hermano, ocurre algo asombroso: un encuentro que cambia su vida para siempre.

A cierta distancia, no demasiado lejos, Juan apercibe a un hombre que camina junto a la orilla. Hay algo en su rostro, una fuerza mezclada con bondad y algo parecido al amor que impide mirar a otro lado. Cuando habla, ¡su voz es tan irresistible!

«Sígueme».

Es lo único que dice.

Juan mira a Jacobo con expresión de perplejidad. Jacobo también tiene los ojos fijos en aquel hombre.

Con cada huella que el hombre va dejando en la arena, el corazón de Juan late más aprisa. Una emoción única parece obligarle a él y a su hermano a dejar sus redes.

«¿Quién es?», pregunta Juan. Pero Jacobo ya va hacia aquel hombre inusual.

→ Escúchalo

Explora la Palabra: Mateo 1.18-25

Juan y su hermano escogieron seguir a Jesús dejando atrás mucho más que sus redes. Abandonaron todo lo que les era familiar, cada búsqueda terrenal: dinero, carrera, popularidad, placer, las comodidades del hogar. Juan y Santiago emprenden una aventura asombrosa que se convirtió en mucho más; sin saberlo se habían unido a una revolución que iba a cambiar la historia.

Durante los años siguientes, los hermanos vieron cómo Jesús sanaba a los enfermos, resucitaba a personas de los muertos y dedicaba horas interminables alcanzando a los perdidos y los solitarios, aquellos a los que el mundo habría preferido olvidar. Jacobo y Juan vivían con el Salvador veinticuatro horas al día, los siete días de la semana, caminando centenares de kilómetros con él y sin mirar atrás una sola vez.

Si alguien conocía realmente a Jesús eran estos dos hermanos. Compartían una conexión profunda y poco común con el Salvador. El Señor los llevó a su círculo interno, convirtiéndolos en sus mejores amigos, incluso los hizo miembros de «los doce grandes» (los apóstoles originales). Estos muchachos estuvieron en el monte con Jesús cuando Dios Padre se dejó caer por allí para compartir un poco de tiempo social (ver Lucas 9.28-36). Y Juan fue el único al que Jesús le pidió que cuidara a su madre cuando moría en la cruz. Lo que es más, Juan fue la única persona a la que Jesús se le apareció cuando describió los tiempos del fin en el libro de Apocalipsis.

¡Vaya si estaban conectados! Y este apóstol fue derecho al grano cuando escribió su evangelio, empezando con las palabras: *En el principio era el Verbo, y el Verbo estaba con Dios, y el Verbo era Dios*» (Juan 1.1).

No es de sorprender que su relato de la vida de Jesús sea uno de los libros más populares de la Biblia. Al leer sus escritos, no podemos evitar pensar que Juan amaba realmente a Jesús. Su fe sólida ayudó literalmente a volver al mundo patas arriba (en realidad, diríamos mejor, a poner el lado correcto hacia arriba). Juan dejó atrás su antigua vida por algo —Alguien— mucho mayor.

→ Conócelo

• **Libérate de tu «corrillo santo».** Vivir nuestra vida en una «burbuja» cristiana nos hace sentir a salvo, hasta cómodos. Cuando nos centramos en el corrillo, no tenemos que tratar con personas aterradoras del exterior. Pero aquí hay algo interesante sobre lo que reflexionar: nuestra comodidad tiene una prioridad bíblica muy baja. A Jesús no le preocupa mucho nuestra comodidad. En todo caso, nos llama a pasar tiempo FUERA de nuestro corrillo santo y a impactar al mundo para él. A lo largo de los Evangelios vemos ejemplos de Cristo incomodando a sus discípulos al tener amistad con personas espeluznantes, marginados. Comprueba lo que dice la Biblia en 2 Corintios 2.15: «Porque para Dios nosotros somos el aroma de Cristo entre los que se salvan y entre los que se pierden».

✳ **Resuélvelo:** *Basándote en 2 Corintios 2.15, ¿cómo «hueles» a los que están fuera de la iglesia?*

• **Cuéntale tu historia al mundo a través de palabras y hechos.** Cuéntale a los demás qué eres, qué es Cristo. Deja que tus actos hablen de amor. Haz algo que te saque de tu zona de confort y te permita ser un siervo para alguien. Empieza con pasos sencillos: Vé a la puerta de al lado y háblale a tu vecino de Jesús, o dáselo a conocer a tus amigos en el trabajo, la escuela o incluso en el seno de tu propia familia. Haz algunos actos aleatorios de bondad, como limpiarle la casa a un amigo u ofrecerte voluntario como canguro de sus hijos. Invita a tus vecinos a la iglesia. Muéstrales que los amas por medio de tus hechos y no solo de tus palabras.

✻ **Resuélvelo:** *Piensa en los marginados de hoy día: se pasa por alto al niño discapacitado o al solitario que no tiene muchos amigos. ¿Visitaría Jesús a estas personas? ¿Conocería sus nombres, se preocuparía por ellos, les contaría historias? ¿Deberías seguir el ejemplo de Cristo? (Explica tu respuesta.)*

• **Ora: «Dios, sé que no quieres que esconda mi fe; quieres que la comparta. Te ruego que me muestres cómo hacerlo».** Pídele a Jesús que deje brillar su amor a través de tu vida para que otros vengan a él.

→ Notas Para El Crecimiento

Una idea clave que he aprendido hoy:

_____

_____

_____

Cómo quiero crecer:

_____

_____

_____

Mi lista de oración:

_____

_____

_____

DÍA 9:

RELACIÓN, NO REGLAS

«Un sábado, al pasar Jesús por los sembrados, sus
discípulos se pusieron a arrancar unas espigas de
trigo, y las desgranaban para comérselas. Por eso
algunos de los fariseos les dijeron: ¿Por qué hacen
ustedes lo que está prohibido hacer en sábado?».

—Lucas 6.1-2

→ IMAGÍNATELO

El Señor del sábado

Es sábado; Jesús y sus seguidores están arrancando unas
espigas de trigo de los campos abiertos y se las están comiendo, algo que no es robar. (¡Como si Dios fuera a hacer
algo así!)

Por increíble que suene, la ley judía trata estos actos:
«Si entras al trigal de tu prójimo, podrás arrancar espigas
con las manos, pero no cortar el trigo con la hoz».[1]

A pesar de todo, los fariseos no pueden evitar formular
una pregunta innecesaria: «¿Por qué hacen ustedes lo que
está prohibido hacer en sábado?».

Es una pregunta que el Mesías está oyendo bastante
en esos días.

Jesús arranca una espiga, la frota entre sus manos, sopla
para que la paja vuele y se come el grano. Luego se gira y se
enfrenta a sus acusadores. Pero la respuesta que da los deja
perplejos.

«¿Nunca han leído lo que hizo David en aquella ocasión en que él y sus compañeros tuvieron hambre? Entró en
la casa de Dios y, tomando los panes consagrados a Dios,

---

1. Anderson, p. 70.

comió lo que sólo a los sacerdotes les es permitido comer. Y les dio también a sus compañeros».

El Señor usa astutamente las propias Escrituras de ellos con dos ejemplos de actividad similar en sábado. Y lo que dice a continuación todavía agita más a los fariseos: «El Hijo del hombre es Señor del sábado». (En otras palabras, yo estoy en control, no ustedes.)

Jesús sabe que estos hombres están atascados en las reglas. No solo no entienden que con él se trata de relaciones, que está aquí para sustituir los códigos opresivos y artificiales del mundo y los estándares con amor: el amor perfecto, libertador y eterno de Dios.

Los fariseos están demasiado inflados, son demasiado tercos y están demasiado sordos para escuchar. Han inventando miles de añadidos a las leyes de Dios para intentar parecer más santos. Y la verdad es que han estado funcionando así durante tanto tiempo que han olvidado lo que es dejar que Dios esté a cargo.

Una y otra vez Jesús les recuerda que Dios es amor, ¡no el Creador de reglas!

→ Escúchalo

Explora la Palabra: Lucas 6.1-11

¿Se siente tu fe atascada con frecuencia, estancada por rituales y reglas?

Los que florecen espiritualmente están al tanto de un secreto: Saben que el cristianismo es diferente de cualquier otra religión del mundo. De hecho, entienden que, en realidad, no es una religión en absoluto; *es una relación*. Es un caminar íntimo, minuto a minuto con una Persona: Jesucristo. Con esta distinción impulsando su corazón y su mente, han descubierto su lugar dentro del cuerpo. Intentan evitar perder el tiempo en búsquedas que van en contra de la voluntad de Dios. Los dirige una clara visión personal de (1) quién es Cristo, (2) cómo conectar con él, y (3) las claves para «quitarse» o «despojarse» de las características de nuestra vieja vida, y «vestirnos» de las características de la nueva. (Ver Efesios 4.22-32.)

Muchos seguidores de Cristo de éxito intento dirigir todos sus esfuerzos a la forma en que Dios quiere que vivan y lo que quiere que hagan en la vida. Muchos tienen una imagen exacta y precisa de la obra que los expresa mejor. Han identificado sus talentos y los están usando. Como resultado, estos individuos experimentan beneficios profundos y duraderos: reducen estrés, más equilibrio, una profesión más productiva y una vida más satisfactoria.

→ Conócelo

• **Alimenta una relación más profunda con Jesús.** ¿Cómo conseguimos la vida eterna? Jesús lo deja claro y suena engañosamente sencillo, ¿verdad? Conoce a Jesús. Punto final. Pero no es tan fácil. En realidad, conocer de verdad a Dios y a Jesús no es algo que ocurra sin más; la fe no es simplemente algo que declaramos y seguimos adelante. Conocer a Dios requiere que alimentemos una relación con él, una relación que implica una comunicación en dos sentidos, escuchar, compartir, confiar y crecer juntos... como cualquier relación terrenal que busquemos. Todos sabemos que las relaciones implican trabajo. Requieren dar y tomar, reciprocidad y esto mismo es verdad en nuestra relación con Dios. La belleza es, por supuesto, que aunque suponga esfuerzo buscar una relación con Dios, al empezar a ver la transformación interna que se produce como resultado, nos sentiremos inspirados a continuar, a profundizar más y más en la relación con él.

✳ **Resuélvelo:** *Nombra tres cosas que puedes hacer cada día y que te ayudarán a acercarte más a Jesús. ¿Son pasos prácticos, cosas que harás realmente? ¿Cuándo empezarás?*

• **Deja que el Señor alinee de nuevo tus prioridades.** En palabras del autor Max Lucado: «Una de las fuentes del agotamiento del hombre es la búsqueda de las cosas que no pueden satisfacer jamás; ¿pero quién de nosotros no ha sido cautivado en esa búsqueda en algún momento de nuestra vida? Nuestras pasiones, posesiones y orgullo, todos ellos son cosas *muertas*. Cuando intentamos obtener vida de cosas muertas, el resultado solo es agotamiento e insatisfacción».[2] ¿Amas a Dios con todo tu corazón, tu mente y tu alma? ¿Conocerle es la pasión y la prioridad en la vida? Deléitate en el Señor. Haz estas cosas y él te concederá los deseos de tu corazón.

> ✳ **Resuélvelo:** *En lo tocante a tu fe en Cristo, ¿cuáles son tus prioridades? ¿Tener un apego más profundo y fuerte a Jesús es tu pasión número uno como lo era para Juan? Cuando fallas, ¿admites tu error, pidiéndole a tu Salvador que renueve y transforme tu corazón?*

• **Ora:** «Señor, ayúdame a dejar atrás los rituales anodinos y la rancia religión para que pueda seguirte de una forma verdaderamente viva y apasionante». No te limites a leer sobre la fe ni te conformes con un conocimiento de segunda mano sobre Jesús. Pídele fuerza y valor para abandonar tu vieja vida. Pídele que te muestre la forma de *experimentarle* a diario.

→ Notas Para El Crecimiento

Una idea clave que he aprendido hoy:

_____

_____

_____

---

2. Lucado, Max, *Walking With the Savior* (Wheaton, IL: Tyndale House, © 1993), p. 272.

Cómo quiero crecer:

_____

_____

_____

Mi lista de oración:

_____

_____

_____

DÍA 10:

JESÚS NOS PURIFICA

«Un hombre que tenía lepra se le acercó, y de
rodillas le suplicó: si quieres, puedes limpiarme.
Movido a compasión, Jesús extendió la mano y tocó
al hombre, diciéndole: Sí quiero. ¡Queda limpio!
Al instante se le quitó la lepra y quedó sano».
—Marcos 1.40-42

→ Imagínatelo

Jesús sana a un leproso

Quebrantado. Solitario. Desesperado. El marginado pasa
su vida en los márgenes y vive sus días en las sombras. Pero
las noticias viajan con rapidez por toda Galilea, incluso en
esas carreteras secundarias.

El hombre sabe que no tiene ni un minuto que perder.
Es su única esperanza. Debe llegar al centro de la ciudad.
No conseguirlo significa la destrucción inevitable. El fin
eterno a una vida ya lastimosa.

El hombre cubre su físico odioso con su rebozo de olor
acre y sale de una callejuela oscura. De repente, un grito
desgarra el aire. El hombre fisgonea oculto por su capucha
y observa cómo una mujer agarra a su hijo y corre al otro
lado de la calle.

«¡No te acerques por aquí!», grita una persona a su derecha.
«¡Apártate!», chilla otra. «¡Sabes que no eres bienvenido!».
«Aléjate de nosotros, impuro, ¡LEPROSO!».

Dondequiera que va, lo tratan como basura. Pero eso
no lo detiene. Ignora las palabras mordaces y sigue cojean-
do por el caluroso y polvoriento camino, llegando por fin a
la multitud, al final de la calle.

De pie entre la gente está el único Hombre que no lo rechazará; el único Hombre que tiene poder de sanarlo. Un nazareno. Un carpintero. Dios en carne, hablando a los quebrantados, los solitarios, los desesperados y los enfermos.

Y, cuando llega a Jesús, ocurre lo más increíble. El leproso cae de rodillas y suplica: «Si quieres, puedes limpiarme».

Viendo la fe del hombre, la compasión inunda a Jesús y extiende su mano para tocarle. «Quiero —responde él—. ¡Sé limpio!».

Inmediatamente, el hombre queda sano.

→ Escúchalo

Explora la Palabra: Marcos 1.40–45

Historia asombrosa. Para mí (Michael) es una de las diez más inspiradoras de la Biblia. Sé lo que estás pensando: ¡Pero la Biblia tiene historias mucho mejores que esta! *Como Jesús caminando sobre el agua, o Moisés dividiendo el Mar Rojo... o Dios cavando en la tierra y creando seres humanos.*

¿Qué hace que esta sea tan asombrosa?

Bueno, el leproso no era tan solo una persona anónima que tuvo una segunda oportunidad en la vida. Este hombre es como tú y yo. Tiene una enfermedad repulsiva y mortal, exactamente como el pecado que nos infesta a todos. Oh, claro, tal vez no tengamos llagas externas enconadas, pero en el interior, todos las tenemos.

Cada uno de nosotros tiene una condición igual de mala, si no peor, que la lepra. Es mortal y mata el cuerpo y el alma.

Cuando el Gran Médico extendió su mano y dijo: «Quiero», también nos estaba hablando a ti y a mí.

Cuando ese hombre lastimoso, en apuros y moribundo fue a ver al Santo y dijo: «Puedes limpiarme», ¿cómo respondió Jesús?

¿Le dio asco? ¿Le escupió al hombre y le ordenó que se perdiera de vista? ¿Se dio la vuelta y sintió arcadas?

Jesús hizo lo que solo un Salvador podría hacer. Extendió su mano y sanó.

También extiende tu mano hacia ti y hacia mí hoy. Nos ama a pesar de nuestro pecado. Quiere perdonarnos y curarnos de nuestra enfermedad mortal, la enfermedad del pecado.

«Quiero —dijo—. ¿Quieres tú?».

→ Conócelo

• **Por medio de Jesucristo somos sanados y justificados.** Romanos 5.18-19 dice: «Por tanto, así como una sola transgresión causó la condenación de todos, también un solo acto de justicia produjo la justificación que da vida a todos. Porque así como por la desobediencia de uno solo muchos fueron constituidos pecadores, también por la obediencia de uno solo muchos serán constituidos justos». La hermosura de este mensaje es que Jesús nos redime, a todos y cada uno de nosotros, lo merezcamos o no. Eso es gracia, ¿verdad? Un regalo inmerecido. El hecho es que uno pecado puede habernos condenado a todos, pero un sencillo acto de justicia —la muerte de Jesús en la cruz— nos salva a todos y redima cada uno de nuestros pecados. Dios perdona que pequemos una y otra vez. Dios pasa por alto que no merezcamos semejante gracia.

> ✳ *Resuélvelo: Cuando te entregas a la tentación y al pecado ¿actúas y te arrepientes? (Por favor, explica tu respuesta.)*

• **Para poder recibir el perdón tenemos que dejar entrar al perdonador.** Pedirle perdón a alguien requiere que nos abramos por completo —como hizo el leproso— no solo admitiendo nuestro pecado, sino también nuestra vulnerabilidad, temor e inseguridades... nuestro ser más interno, incluidos todos nuestros complejos, neurosis y pecados. Jesús sabe lo difícil que es. Sabe que cuando pedimos verdaderamente que nos perdone nos estamos abriendo a un lugar de vulnerabilidad y riesgo.

✶ *Resuélvelo:* ¿Eres lo bastante humilde para reconocer la profundidad de tu pecado? ¿Estás listo para aceptar el perdón completo que Dios ofrece? Comparte aquello que necesitas que Jesús limpie de tu vida.

• **Ora: «Señor Jesús, estoy dispuesto a ser sanado y estoy alargando mi mano hacia ti ahora».** Pídele a Jesús que tome tu mano y que te limpie.

→ Notas Para El Crecimiento

Una idea clave que he aprendido hoy:

_____
_____
_____

Cómo quiero crecer:

_____
_____
_____

Mi lista de oración:

_____
_____
_____

DÍA 11:

MESÍAS MILAGROSO

«Entonces llegaron cuatro hombres que le llevaban un paralítico. Como no podían acercarlo a Jesús por causa de la multitud, quitaron parte del techo encima de donde estaba Jesús y, luego de hacer una abertura, bajaron la camilla en la que estaba acostado el paralítico. Al ver Jesús la fe de ellos, le dijo al paralítico: "Hijo, tus pecados quedan perdonados"».
—Marcos 2.3-5

→ Imagínatelo

Jesús sana a un paralítico

«¿Quién es este hombre?».

«La pregunta real es ¿quién se cree que es?».

Los maestros de la ley habían oído que Jesús estaba en la ciudad, agitando a las multitudes con sus ideas radicales. Unos cuantos líderes religiosos escépticos tenían que presenciarlo, así que se dirigieron hacia un edificio atestado y escucharon con indignación.

El joven judío que tenían delante afirma ser el Mesías. Hasta insiste en que tiene toda autoridad en la tierra, y sin embargo deambula por el territorio como un vagabundo. Y, lo que es más, es un mero hijo de carpintero que se junta con los indeseables de la sociedad: leprosos, mendigos, prostitutas, traidores.

De repente... ¡CRACK! ¡CHASC! La madera se rompe, la arcilla caer, se levanta polvo.

Los fariseos se deslumbran y miran hacia arriba.

Bajan a un paralítico desde el tejado y lo colocan suavemente a los pies de Cristo.

«Amigo —le dice Jesús—, tus pecados quedan perdonados».

¿Qué acaba de decir este hombre?, se pregunta un maestro de la ley. ¡Está blasfemando! ¿Quién puede perdonar pecados, sino solo Dios?

Jesús mira a los fariseos. «¿Por qué razonan así?», pregunta. «Pues para que sepan que el Hijo del hombre tiene autoridad en la tierra para perdonar pecados...».

Jesús se vuelve hacia el paralítico. «A ti te digo, levántate, toma tu camilla y vete a tu casa».

¡Milagro! La multitud se queda boquiabierta cuando el tullido se pone en pie y sale por la puerta. Todos los que están en la habitación se regocijan. Los maestros de la ley miran fijamente, asombrados.

→ Escúchalo

Explora la Palabra: Marcos 2.1-12

Jesús sabía lo que aquellos escépticos pensaban y cómo reaccionarían ante sus milagros, enseñanzas... su misión en la tierra.

Del mismo modo, Dios conoce nuestros más oscuros pensamientos, nuestras ansiedades y temores; ve lo que intentamos ocultar del resto del mundo, las peores partes de nosotros mismos.

Pero no deberíamos sentirnos avergonzados o cargados por esto, porque Dios siempre nos ama, pase lo que pase; nunca nos abandonará independientemente de lo que se esté enconando en nuestra oscuridad. Lo que ocurre es que Dios quiere tener acceso a esos lugares tenebrosos; quiere que le dejemos entrar. Quiere que confiemos lo bastante en él como para revelarle nuestro yo más real. Dios toma esas partes oscuras y feas, hace resplandecer su luz sobre ellas y lo transforma todo en algo bueno.

→ Conócelo

• **No te avergüences de tus fallos.** Somos pecadores rotos y fracasados. Pero es en esas imperfecciones, en nuestros lugares más oscuros y desesperados donde la luz de Dios resplandece con más brillo. La elección es nuestra: ¿Sellamos esas grietas y fingimos que no existen? ¿O reconocemos nuestra debilidad e invitamos a Dios para que repare nuestras fracturas?

✳ **Resuélvelo:** *¿Qué necesitas que Jesús sane en tu vida?*

• **Él sacrificó su vida por ti.** Cristo tenía que ser sin pecado para ser apto como sacrificio perfecto por el pecado de la humanidad, el Sacrificio perfecto por tu pecado. Como Sacrificio sin pecado de Dios, Jesús hizo posible que confiaras en él y que recibieras el perdón.

✳ **Resuélvelo:** *¿Tiene él toda tu atención? ¿Le conoces?*

• **Ora: «Señor, ayúdame a conocerte mejor».** Pídele a Jesús que te ayude a rendir tu propia voluntad a la de Dios. Ruégale que te capacite cada día a vivir una vida de sacrificio espiritual para la gloria de Cristo.

→ Notas Para El Crecimiento

Una idea clave que he aprendido hoy:

_____

_____

_____

Cómo quiero crecer:

_____

_____

_____

Mi lista de oración:

_____

_____

_____

MATEO CONOCE A SU HACEDOR

> «De nuevo salió Jesús a la orilla del lago. Toda la
> gente acudía a él, y él les enseñaba. Al pasar vio a
> Leví hijo de Alfeo, donde éste cobraba impuestos.
> "Sígueme", le dijo Jesús. Y Leví se levantó y lo siguió».
> —Marcos 2.13-14

→ **Imagínatelo**

El llamado de Mateo

Sentarse en una caseta al aire libre es sumamente agotador durante los meses de verano para Mateo, también conocido como Leví. Pero soportar el intenso calor no es ni la mitad del problema. Soportar los sarcásticos (y hasta crueles) comentarios de sus conciudadanos es aún más agobiante.

Sí, Mateo es judío, pero trabaja para el gobierno romano. Su trabajo le requiere recaudar impuestos a los demás judíos con el fin de financiar el más que extravagante estilo de vida del César. (Si opinas que los gobiernos de hoy toman más de lo que les corresponde, no creerías lo que Roma exigía que los ciudadanos de Israel soltaran.) No es de sorprender que los judíos odiaran a personas como Mateo. Lo consideraban un traidor. Pero siendo judío, también lo odian sus empleadores romanos.

Es probable que Jesús sondeara: «¡Hey, Sr. Recaudador! ¿Cómo te llamas?».

Al principio, Mateo ignoraría la pregunta. Nadie le formulaba jamás una pregunta esperando respuesta. Excepto alguna como: «¿Sabes cuánto te odia la gente?».

«Mateo, me llamo Mateo», respondió el rico intocable.

Jesús sabía lo que significaba ese nombre en hebreo: «Regalo del Señor». ¡Vaya broma! El nombre que su madre le dio cuando era un bebé no tenía nada que ver con cómo se sentía con respecto a sí mismo. No era un regalo del Señor. Para sus paisanos judíos no era más que un imbécil. Tal vez estuviera forrado de dinero, pero estaba más solo que la una. Luchaba con la culpa. Y tenía toda la razón. Había extorsionado a la gente cada día de su vida, hasta donde podía recordar, para llenar de plumas su cómodo nido.

Pero Jesús no iba a soltar a Mateo del anzuelo con tanta facilidad. Estaba convencido de que este rico tan espiritualmente pobre podía alcanzar un punto en su vida en el que considerara de verdad que su vida era un regalo.

«¿Mateo?», preguntó el carpintero convertido en rabino. «Ven conmigo. Deja tu mesa de injusticia y déjame enseñarte una nueva profesión».

Mateo debió de haber estado preparado para ese tipo de invitación. Es evidente que no se sentía feliz con su vida. Incluso sin preguntar qué tenía Jesús en mente, Mateo dejó caer la puerta de lona de su tenderete que era como una tienda de campaña, cerró la tienda y caminó por la arena caliente para alcanzar al Maestro. ¡Rayos! Ni siquiera agarró las bolsas de terciopelo llenas de monedas que quedaron apiladas debajo de su mesa.

Fuera lo que fuera lo que Jesús vio en Mateo, su invitación a unirse a los demás discípulos fue algo que al hombre le resultó irresistible. El recaudador, bien vestido con ropa cara y barba cuidada dejó atrás su sustento. Empezó a juntarse con pescadores cuyas túnicas olían a trucha.[1]

→ Escúchalo

Explora la Palabra: Marcos 2.13-17

Además de ser odiado, Mateo también era bastante rico. Tacha esto. Era sumamente rico. De hecho, el tipo era

---

1. Historia adaptada de Jeremy V. Jones, Greg Asimakoupoulos y Michael Ross, *Tribe: A Warrior's Calling* (Colorado Springs, CO: Focus on the Family, 2006), pp. 24-26.

acaudalado. Muchos años antes ya se había mentalizado de que no tendría amigos (excepto otros recaudadores), así que decidió que tendría una vida cómoda.

Basándonos en lo que nos dice la Biblia, la base de operación de Mateo se encontraba cerca del Mar de Galilea. Es probable que se hallara en la carretera principal que conectaba Persia con Egipto. Allí estaba cuando Jesús lo encontró. Y, antes de que acabara la semana, Mateo planeó una fiesta para sus amigos. Imagínatelo. Eran recaudadores como él. Hizo correr la voz. ¡ESTÁS INVITADO! «Trae a cualquiera que se te ocurra. Mi nuevo amigo Jesús va a estar allí. Quiero que lo conozcas».

Por supuesto, Jesús acudió. Cuando se acercó a Mateo en su lugar de trabajo estaba genuinamente interesado en un recaudador que no tenía sentido alguno de significado en su vida. El rabino nazareno había calentado sus sensores para detectar a cualquiera que estuviera hambriento de un nuevo comienzo en la vida.

De modo que, cuando Mateo se ofreció a mostrarle a su invitado de honor su casa tan bien amueblada, Jesús hizo el tour VIP de buen grado. No hizo de menos a Mateo por poseer una mansión tan excesiva, pero tampoco se maravilló con exclamaciones como ooh y aah. Mateo podía decir que Jesús estaba más interesado en él que en su hogar.

Y Jesús tampoco fue el único que hizo acto de presencia. Los colegas ruines y sucios del recaudador también estaban allí. Querían conocer al hombre responsable de que su compañero hubiera abandonado su ocupación tan lucrativa. Aunque dicha profesión no fuera la forma más respetable de ganarse la vida, le proporcionó un círculo de amigos que pudo presentarle a Jesús.

En otras palabras, la pasada experiencia de mateo formaba parte de lo que trajo a la mesa. Sus amistades, su personalidad, su confianza en trabajar con dinero, su capacidad de mezclarse con el público, todos estos aspectos de la vida anterior del recaudador se podían usar ahora para presentarle gente a Jesús. De hecho, a medida que Mateo fue creciendo en fe, escribió el primer libro del Nuevo Testamento. Es el que lleva su nombre. También da testimonio de cómo crecía en un judío todo lo que había visto y oído. De los cuatro relatos de la vida y el ministerio de Jesús, el Evangelio de Mateo explica las buenas nuevas del amor de Dios de un modo que las persona judías pudiera entender.

¿No es fascinante? Dios no solo llama a las personas para que formen parte de su plan de cambiar el mundo, sino que también hace uso de lo que tengan que ofrecer. Probablemente argumento a favor de creer que las inclinaciones y las capacidades con las que nacemos nos fueron dadas en anticipación del día en que aceptáramos a Jesús y empezáramos a servirle.

→ Conócelo

• **Reflexiona en cómo te convertiste en un discípulo de Jesús.** Es posible que tu testimonio no sea tan extraordinario como otros que hayas escuchado. Pero es tu historia. Adelante, saca tu diario y escríbelo. Describe qué estaba ocurriendo en tu vida antes de que decidieras tomar en serio a Jesús. Luego haz una nota sobre quién influyó en ti espiritualmente y por qué estabas abierto a lo que ellos compartían. Finalmente, toma nota de cómo Jesús ha impactado tu vida desde entonces. Nunca sabrás quien podría querer escuchar cómo Dios ha estado activo en tu vida.

* *Resuélvelo: Verbaliza lo que has escrito. ¿Cómo viniste a Cristo? (Por favor, comparte tu testimonio.)*

• **Que sepas que Dios nos ha dado a cada uno un lugar único para servir.** En 1 Corintios 12.12 leemos: «De hecho, aunque el cuerpo es uno solo, tiene muchos miembros, y todos los miembros, no obstante ser muchos, forman un solo cuerpo. Así sucede con Cristo». No somos un simple puñado de seres humanos aleatorios que han sido lanzados a este mundo para vagar por el ahí y nos abramos camino titubeando por la vida. Nosotros, todos y cada uno de nosotros, hemos sido diseñados a imagen de Dios. Todos tenemos un propósito y encajamos juntos en su gran diseño.

*❋ **Resuélvelo:** Cuando el Señor te encomiende una tarea, ¿la aceptas con un corazón confiado... o te echas atrás y le dices que no estás cualificado para el trabajo? ¿Cómo te sientes sabiendo que el círculo interno de Cristo era un poco tosco?*

• **Ora: «Señor, ayúdame a entender lo que significa pertenecerte».** Dale gracias a Jesús por haberte llamado para que formaras parte de su equipo para alcanzar al mundo. Pídele valor para no hundirte en lo que otros creen importante.

→ Notas Para El Crecimiento

Una idea clave que he aprendido hoy:

_____

_____

_____

Cómo quiero crecer:

_____

_____

_____

Mi lista de oración:

_____

_____

_____

DÍA 13:

EL EQUIPO DE JESÚS Y EL VIAJE

«Al llegar la mañana, llamó a sus discípulos y escogió
a doce de ellos, a los que nombró apóstoles: Simón
(a quien llamó Pedro), su hermano Andrés, Jacobo,
Juan, Felipe, Bartolomé, Mateo, Tomás, Jacobo hijo de
Alfeo, Simón, al que llamaban el Zelote, Judas hijo de
Jacobo, y Judas Iscariote, que llegó a ser el traidor».
—Lucas 6.13-16

→ IMAGÍNATELO

Hombres corrientes en una misión extraordinaria

Tras evitar las acusaciones de los fariseos en cuanto a que
Jesús no honra el sábado, el Salvador dirige sus pensamientos a asuntos más importantes: ¿Quiénes serán sus apóstoles? ¿Quiénes formarán su círculo interno de amigos cerca-
nos? Jesús pasa la noche entera orando al Padre celestial, y,
a continuación, escoge a los doce, hombres corrientes con
distintos trasfondos. Ninguno tenía formación teológica ni
formaban parte del liderazgo oficial religioso de Israel. A
los ojos de Jesús, es la mezcla perfecta y la elección correcta
para difundir el evangelio después de que él se marche.

A Mateo, el recaudador de impuestos, se le considera
un traidor a su patria, mientras que Simón el Zelote pertenece a una organización que quiere matar a todos los
traidores. Los doce hombres forman una interesante com-
binación, pero el amor de Jesús rompe todas las barreras y
les enseña a trabajar unos con otros y a amarse los unos a
los otros.

Nuestro Salvador empieza diciendo lo bienaventu-
rados que somos si somos pobres, estamos hambrientos,

lloramos y hasta nos odian por causa de él. De hecho, afirma que si nos insultan por él, nos alegremos «en aquel día y salte[mos] de gozo, pues... [nos] espera una gran recompensa en el cielo». En otras palabras, si de verdad estamos dejando que Jesús sea Señor, nuestras recompensas no siempre llegarán mediante situaciones externas. Sin embargo, podemos tener la paz, el amor y el gozo del Espíritu Santo burbujeando y rebosando en nuestro interior, algo que ninguna cantidad de dinero puede comprar. Todo esto, además de las recompensas eternas en el cielo. Una especie de operación de dos por uno. No está mal. No está nada mal. A decir verdad, ¡es fantástico!

Por otra parte, si seguimos corriendo detrás del mundo, su riqueza, su felicidad superficial y su fama podemos conseguir lo que queremos... pero eso es todo. No habrá vida eterna ni paz interior. De hecho, Jesús declara que esas personas serán infelices. Y no solo eso, sino que se perderán la eternidad. Después de que su orgullo mundano y su diversión desaparezcan, las cosas que valoraban se volverán totalmente inútiles.

→ Escúchalo

Explora la Palabra: Lucas 6.12-26

Cuando yo (Arnie) era niño, recuerdo cuánto quería recibir algo por Navidad. Cualquier cosa que me regalaban era divertida durante un momento, pero a medida que transcurrían las semanas, me aburría de ellas y quería otra cosa. Esto mismo sigue siendo verdad, ya sea que codiciemos un nuevo ordenador, un caro coche deportivo o diamantes y perlas.

Nada puede llenar ese espacio vacío en nuestros corazones diseñado para que Dios lo llenara, excepto él mismo.

Así que, en los días venideros...

...*aférrate a la verdad*. Cuando la vida se hace difícil y sentimos la tentación de apartarnos de Jesús y operar con nuestra propia fuerza, recuerda esta verdad: *Dios te ama y sabe lo que está haciendo.*

...*mantén el rumbo.* Si hemos tomado la decisión de seguir a Dios, puedes estar seguro de que el viaje será increíble (si es que no lo ha sido ya). Iremos a lugares que nunca soñamos; veremos cosas que nunca imaginamos. Hay que admitir que pasaremos por lluvia, ventiscas y tormentas de diferentes tipos, pero mientras estemos bajo su protección, lo conseguiremos. La tormenta pasará, la vida mejorará y hallaremos la realización completa.

→ Conócelo

• **Vive por fe.** Mucho de lo que «sabemos» del mundo que nos rodea se basa en lo que vemos con nuestros propios ojos. A pesar de ello, ¿qué ocurre cuando vemos cosas que no podemos controlar, circunstancias que no podemos resolver? ¿Qué pasa cuando vemos que nuestro ser querido se está muriendo delante de nuestras narices y no podemos hacer nada para evitarlo? ¿O cuando presenciamos el abuso, la pobreza, la enfermedad, la violencia, el hambre o el estar sin hogar y nos vemos impotentes para acabar con ello nosotros solos? Es entonces cuando debemos vivir por fe, en confiada seguridad de que Dios es clemente, misericordioso y amoroso, y sabiendo que tiene poder para transformar todas las circunstancias en algo bueno. Debemos entregarlo todo —nuestra vida, nosotros mismos, nuestras circunstancias— a él.

> ✳ **Resuélvelo:** *¿Necesitas aflojar tu firme agarre en las circunstancias de tu vida, o incluso una relación? (Por favor explica.) ¿Qué pasos puedes dar para entregarle el control a Jesús y rendirlo todo a él?*

• **Recuerda que somos creados de forma específica e intencionada por nuestro Creador.** Mateo 10.30-31 declara: «Y les tiene contados a ustedes aun los cabellos de la cabeza.

Así que no tengan miedo; ustedes valen más que muchos gorriones». Yo soy único, tú eres único, ¡todas y cada unas de las personas que haya vivido jamás es única! A propósito. Tenemos cosas en común, como que todos tenemos un cuerpo. Todos necesitamos respirar, comer y dormir. Todos tenemos hambre de conocer a Dios y queremos vivir con un propósito. Pero todos lo hacemos a nuestra propia manera exclusiva, porque así hemos sido creados.

✳ **Resuélvelo:** *¿Cómo te sientes considerando que Dios te conoce de dentro para afuera?*

• **Ora: «Señor, ayúdame a hallar la satisfacción en ti, no en el mundo».** Pídele que te ayude a vivir por fe.

→ Notas Para El Crecimiento

Una idea clave que he aprendido hoy:

_____

_____

_____

Cómo quiero crecer:

_____

_____

_____

Mi lista de oración:

_____

_____

_____

MENSAJE EN EL MONTE

**Cuando vio a las multitudes, subió a la ladera de una
montaña y se sentó. Sus discípulos se le acercaron,
y tomando él la palabra, comenzó a enseñarles.**
—Mateo 5.1-2

→ IMAGÍNATELO

Jesús enseña en el monte

En el Sermón del Monte, Jesús está hablando de amor, no
del sentimentalismo efusivo que las futuras generaciones
ven en televisión. Está hablando de su definición del amor.
Y las multitudes están escuchando.

Cuando Jesús usa el término *amor* con frecuencia se
refiere a la acción, algo que *hacemos* más que lo que *sentimos*.
«Porque tanto amó Dios al mundo, que...».[1]

Habla a las multitudes sobre el amor como acción; algo
que Dios hizo por nosotros. Y, en otros momentos durante su sermón, define el amor como la entrega sin egoísmo
a los demás, de manifestar actitudes de bondad, paciencia,
humildad y compromiso en las relaciones.

→ ESCÚCHALO

Explora la Palabra: Mateo 5.1-12

Más de dos mil años después de que Jesús predicara el Sermón del Monte, sus palabras siguen resonando en nuestros
oídos con poder, y sus enseñanzas siguen sobrepasando todas las enseñanzas humanas. Así es como la Dra. Henrietta

---

1. Juan 3.16.

C. Mears describió en una ocasión el mensaje transformacional de Cristo:

> *Muchas personas que no son cristianas afirman que el Sermón del Monte es su religión. ¡Qué poco entiende esta persona la profundidad del significado del sermón! Es importante que no nos limitemos a alabar lo que Jesús dijo como una maravillosa teoría, sino que lo practiquemos de verdad en nuestra propia vida. Si dejamos que esta norma opere en nuestra vida, cambiaremos nuestras relaciones personales, sanaremos nuestras heridas sociales y resolveremos todas las disputas entre naciones; sí, pondrá todo el mundo en orden.*[2]

Jesús era un Gran Maestro, y sus palabras eran distintas a todo lo que las multitudes habían escuchado nunca. Al sentarse las masas a sus pies, esperaban oír los planes de un líder político. Jesús les dio muchísimo más: Lecciones sobre cómo se supone que debe vivir el pueblo de Dios, no según las leyes, sino según el amor. Jesús compartió ocho bienaventuranzas, cualidades que sus seguidores deben desarrollar y alimentar en sus vidas.

→ Conócelo

• **Crece con mayor profundidad** *experimentándolo a él a diario.* Aprender sobre el Señor a partir de un libro de texto de teología es muy diferente de experimentarlo de forma personal en un caminar diario. Según el apóstol Pablo, todo tiene que ver con la fe y la comunión: «Es más, todo lo considero pérdida por razón del incomparable valor de conocer a Cristo Jesús, mi Señor. Por él lo he perdido todo, y lo tengo por estiércol, a fin de ganar a Cristo y encontrarme unido a él. No quiero mi propia justicia que procede de la

---

2. Dra. Henrietta C. Mears, *What Jesus Is All About* (Ventura, CA: Regal, 2004), p. 43.

ley, sino la que se obtiene mediante la fe en Cristo, la justicia que procede de Dios, basada en la fe».

＊ *Resuélvelo: De las Bienaventuranzas que Jesús comparte, ¿cuáles quieres desarrollar en tu vida? ¿Cómo describirías la luz de Cristo en tu vida: una vela parpadeante, una hoguera crepitante o un horno abrasador? ¿Qué puedes hacer para atizar el fuego?*

Conoce las claves para seguir a Jesús. «Jesús se dirigió entonces a los judíos que habían creído en él, y les dijo: "Si se mantienen fieles a mis enseñanzas, serán realmente mis discípulos; y conocerán la verdad, y la verdad los hará libres"» (Juan 8.31). En este versículo engañosamente sencillo, Jesús nos dice que si seguimos sus enseñanzas, aprenderemos su verdad y seremos liberados. Suena bien, ¿verdad? No obstante, el problema es que, a veces, parece que estamos siguiendo bastante bien las enseñanzas de Jesús en lo exterior, pero en nuestro interior no le hemos entregado todo nuestro corazón.

＊ *Resuélvelo: De las enseñanzas de Cristo, ¿cuáles son las más duras de seguir para ti?*

• **Ora: «Señor, ayúdame a identificar las barreras que he erigido y que me impiden amarte con todo mi corazón».** Pídele a Jesús que te ayude a confiar en él para que puedas ser liberado.

→ Notas Para El Crecimiento

Una idea clave que he aprendido hoy:

_____

_____

_____

Cómo quiero crecer:

_____

_____

_____

Mi lista de oración:

_____

_____

_____

JESÚS ES EL VERDADERO
SUMO SACERDOTE

DÍA 15:

EL CAMINO ESTRECHO AL CIELO

«Entren por la puerta estrecha. Porque es ancha
la puerta y espacioso el camino que conduce a la
destrucción, y muchos entran por ella. Pero estrecha
es la puerta y angosto el camino que conduce a
la vida, y son pocos los que la encuentran».
—Mateo 7.13-14

→ IMAGÍNATELO

El camino del sabio

Las emociones se están calentando conforme Jesús habla.
Su Sermón del Monte enseña los valores de su reino y están
dejando perplejos a los judíos.

«Nadie puede servir a dos señores, pues menospreciará
a uno y amará a otro, o querrá mucho a uno y despreciará
al otro. No se puede servir a la vez a Dios y a las riquezas».[1]

Básicamente, Cristo está diciéndoles a las multitudes
que la riqueza, la ley y los valores de este mundo que las
personas tienen en tan alta estima no pueden llevarlas al
reino. De hecho, depender solo de estas cosas «es la senda
que lleva a la destrucción».

Por encima de todo, está enseñando ideas en una dirección que la mayoría de las personas no están dispuestas
a ir. Sus mandamientos no solo prohíben el asesinato y el
adulterio; Jesús dice que incluyen incluso el odio y la lujuria
(las actitudes internas detrás de las acciones).

Y, a continuación, remata a la multitud justo entre los
ojos: «No todo el que me dice, "Señor, Señor", entrará en el

---

1. Mateo 6.24.

reino de los cielos, sino sólo el que hace la voluntad de mi Padre que está en el cielo».

→ Escúchalo

Explora la Palabra: Mateo 7.13-23

¿Está manteniendo Jesús un nivel demasiado alto que nadie puede alcanzar? En absoluto. Su idea es la siguiente: no se trata de una buena conducta ni de capacidad humana. Es una relación minuto a minuto con él. Jesús es aquel que nos faculta para seguir su senda. Es quien nos da el poder de no pecar. Y, si fallamos, *siempre* nos perdonará y nos ayudará a empezar de nuevo otra vez.

Para la mayoría de nosotros, el cielo está a una vida de distancia, de manera que nos vemos tentados a considerar el camino fácil. Muchos nos indican este camino fácil y amplio: los amigos en el trabajo y en la escuela, gran parte de los medios de comunicación, los líderes políticos. Lamentablemente, el camino fácil no discurre en la dirección correcta.

Sin embargo, otros nos señalan la senda correcta, la estrecha: pastores, miembros de la familia, nuestros hermanos y hermanas en Cristo y, por supuesto, Jesús mismo.

¿Qué reino queremos alcanzar finalmente? Dios ha dejado claro cuál quiere que sigamos. Ahora nos toca a nosotros escoger.

Confiesa: ¿Hay señales de las que necesitemos a hablar con Jesús? Confesar es crucial para construir una relación más profunda con él.

Sométete: Si Jesucristo es verdaderamente nuestro Señor, significa que es nuestro Maestro. Debemos hacer un esfuerzo por obedecerle y depender de su fuerza (Salmos 28.7).

Dedica: Conocer a Dios es el proceso de toda una vida. Debemos comprometernos a pasar tiempo con él cada día, convertir nuestra relación con él nuestra principal prioridad.

• **Escoge el camino estrecho.** Debemos estar dispuestos a abandonarlo todo —a nosotros mismos, nuestras posesiones, nuestro orgullo, nuestro poder— con tal de ganar lo que Dios tiene guardado para nosotros. Es cierto que, a veces, al actuar de ese modo es posible que no logremos jamás convertirnos en aquello que siempre soñamos. Sin embargo, cuando una persona rinde por completo su vida, Dios suele devolvernos esos sueños y talentos. Pero una cosa es siempre cierta: los planes de Dios para nosotros son mayores, más extraordinarios y mejores de lo que podríamos imaginar.

> ✳ *Resuélvelo:* ¿*Tiendes a caminar más por el camino ancho o por el estrecho? (Sé sincero y explica tu respuesta.) ¿Qué hace que la puerta estrecha sea tan difícil de encontrar?*

• **Vive la Palabra de Dios:** Resulta fácil cerrar la Biblia después de nuestro tiempo de tranquilidad por la mañana o por la noche antes de apagar la lámpara de la mesilla y sentirnos bien con nosotros mismos. «Hey —razonamos—, estoy leyendo la Biblia ¿vale? ¿Acaso no es suficiente?». Leer la Biblia es un buen comienzo, desde luego. Pero Dios quiere que demos otro paso: quiere que vivamos su Palabra, que reflexionemos y meditemos en ella, que la llevemos con nosotros y que actuemos según lo que dice. Quiere que su Palabra guíe nuestras decisiones de cada día, sirviendo como una lámpara que brilla en nuestra senda diaria y una caja de resonancia contra la que podamos sopesar nuestras elecciones. La Palabra de Dios *puede* filtrarse en nuestro cuerpo y espíritu, en nuestro corazón, mente y alma. Es nuestra elección: ¿Permitiremos que la Palabra de Dios nos transforme?

> ✳ *Resuélvelo: Cuenta cómo comprometernos con la Biblia nos puede ayudar a encontrar el camino estrecho.*

• Ora: «Señor, ayúdame a no poner nunca mis deseos por delante de ti». Pídele que ponga en ti el deseo por la senda estrecha, y no por lo que es fácil.

→ Notas Para El Crecimiento

Una idea clave que he aprendido hoy:

_____

_____

_____

Cómo quiero crecer:

_____

_____

_____

Mi lista de oración:

_____

_____

_____

DÍA 16:

CINCO MIL BOCAS QUE ALIMENTAR

«Jesús tomó entonces los panes, dio gracias y distribuyó a los que estaban sentados todo lo que quisieron. Lo mismo hizo con los pescados».
—Juan 6.11

→ IMAGÍNATELO

Un poco de fe llega muy lejos

Todos están hambrientos, está bien entrada la tarde y Jesús y sus seguidores están en las afueras de ninguna parte.

Aunque cansados, los doce discípulos hacen un poco de investigación mientras que Jesús está tratando con las personas. Calculan que la multitud está formada por cinco mil hombres, más las mujeres y los niños, y sabe que pueden convertirse en una turba infeliz cuando llegue la hora de cenar y la oscuridad. Además, ellos mismos están hambrientos y quieren hablar a solas con Jesús para informarle de lo que habían hecho para cumplir sus órdenes anteriores.

Debió de parecerles obvio que Jesús está tan atrapado por las personas y sus problemas individuales que no es consciente de la creciente dificultad a la que se enfrentarán cuando el sol se ponga por el oeste. En grupo, se abren camino entre la multitud e interrumpen a Jesús. «Este es un lugar apartado y se está haciendo realmente tarde. Enviar a toda esa gente para que puedan dispersarse por los pueblos de la zona y comprarse algo para comer».

Jesús mira a sus discípulos y contesta: «Denles ustedes algo de comer».

Parece estar mirando directamente a Felipe, que es de ese lado del lago, tal vez insinuando que él podría saber dónde encontrar alimento.

A la defensiva, Felipe no quiere asumir la responsabilidad por ellos. Le dice a Jesús: «Ni siquiera el jornal de ocho meses bastaría para comprar un poco de pan por boca». Sencillamente es demasiado caro.

Andrés está observando y escuchando, tratando de imaginar cómo podría ayudar. Según el cálculo de Felipe, es imposible. Andrés intenta encontrar una solución. Su sugerencia no parece tener mucho potencial, pero se lo comenta tímidamente a Jesús: «He encontrado a un niño que tiene cinco panecillos de cebada y un par de pececillos, pero eso no va a alimentar a toda esta gente». No es mucho, pero el niño está dispuesto a compartir lo que tiene. (Los que están bastante cerca para oír deben de estar sonriendo y con ganas de reír.) Los recursos del niño son lindos, pero inútiles.

Jesús no se ríe. En vez de ello, pide: «Tráiganme la comida del niño», y les indica a sus discípulos que sienten a la multitud en pequeños grupos sobre la hierba.

Indudablemente, los doce están como poco perplejos, por no decir molestos. La multitud se calla poco a poco y se distribuye en grupos de entre cincuenta y cien cada uno. El silencio es sorprendente y la voz de Jesús se escucha bien. Toma los cinco panes y dos peces en sus manos, levanta la vista al cielo y eleva una oración de gratitud. Los panecillos son pequeños, más o menos como la mano de Jesús. Trocea cada uno de ellos y hace lo mismo con el pescado. Luego entrega los pedazos a los discípulos y les ordena que empiecen a dárselo a la gente.

Lo que empieza con escepticismo va dando paso al asombro y a la satisfacción.

Independientemente de lo mucho que reparten los doce, siempre hay más. Los improvisados invitados a cenar comen hasta que todos están saciados y nadie quiere más. Jesús les dice: «Recojan las sobras. Que no se pierda nada».

Al final del día se han recogido doce cestos llenos hasta rebosar de trozos de pan y pescado.[1]

1. Adaptado de Leith Anderson, *Jesus*, pp. 124.25.

Explora la Palabra: Juan 6.1-15

Los doce discípulos están agotados de sus viajes, semanas de enseñanza y sanando a las multitudes. ¿Y ahora, Jesús quiere que alimenten a las multitudes? ¡Imposible! A pesar de ello, un niño ofrece lo que tiene: cinco panecillos de cebada y un par de pececillos. Es más que suficiente para que Jesús obre el milagro. Y lo que comienza con escepticismo acaba con asombro y satisfacción.

Los anteriores milagros habían sido personales. Esta comida milagrosa fue para todos. El silencioso asombro pasó rápidamente a ser adrenalina compartida. Con exuberantes elogios a Jesús, alguien empezó a decir: «Este Jesús ha de ser el Profeta de Dios». Era un nuevo Moisés; como el original, que alimentó milagrosamente al pueblo de Israel con maná, pan que Dios enviaba del cielo cada día. Solo el Mesías enviado por Dios podría haberlo hecho. «¡Debería ser rey!», gritaron voces entusiasmadas.

Jesús no estaba respondiendo al entusiasmo político de ellos y el estado de ánimo empezó a variar. Lo nombrarían rey por aclamación. Lo obligarían a subir al trono. Después de todo, alguien que podía alimentar a una multitud de millares con la comida de un niño podría reclutar, movilizar y alimentar a un ejército más fuerte que los romanos. Habían esperado esta oportunidad durante medio milenio, y no iban a permitir que Jesús declinara la propuesta.

Inmediatamente, Jesús reunió a sus discípulos y los apremió a subir en la barca ordenándoles que lo dejaran y que remaran hasta Betsaida, en la vertiente occidental del Lago de Galilea, cerca de Capernaúm. Jesús despidió a la multitud y —escapando de un modo que rayaba con lo milagroso— se escabulló de entre la gente y subió solo a un monte cercano para orar.

→ Conócelo

• **Has de saber que Jesús es tu proveedor.** Intenta mantener una sencilla lista de gratitud para ayudarte a centrarte en los dones que Dios te da cada día en abundancia. Mantén tus ojos y tus oídos abiertos a la presencia de Dios y, a continuación, apunta los sucesos en un cuaderno. A veces resulta útil repasar un registro concreto de las bendiciones de Dios en nuestra vida y tomar nota de la imagen panorámica.

> ✳ *Resuélvelo: Describe un tiempo en el que Jesús ha estirado tus limitados recursos y ha convertido tu escepticismo en asombro. ¿De qué forma ha ayudado este recuerdo a que tu fe crezca? ¿Qué milagros necesitas que Jesús realice en tu vida?*

• **Tienes que saber que los milagros de Jesús están a nuestro alrededor.** Resulta fácil leer la historia de hoy y pensar: *Bueno, era más fácil ver la mano de Dios obrando en los tiempos de la Biblia, ¿pero qué pasa hoy?* ¿Dónde están las señales que muestran al Dios todopoderoso y asombroso en el aquí y el ahora? La verdad es, sin embargo, que Dios nos muestra su presencia cada día, por medio de señales y prodigios grandes y pequeños. Pero en el tumulto de nuestros ajetreados días, no aflojamos el paso lo suficiente para echar un vistazo a su obra. No nos detenemos bastante para acallar la cacofonía de iPods y iPhones, televisores, radios e Internet para escuchar los susurros que él pretende que sean solo para ti. Nuestro Dios todopoderoso está con nosotros; solo necesitamos abrir nuestros oídos para escuchar y nuestros ojos para ver.

> ✳ *Resuélvelo: [DEBATIR AQUÍ LA PREGUNTA Núm. 2]*

• **Ora:** *Señor, estoy siempre en marcha, moviéndome a un ritmo frenético con los ojos centrados en llevar a cabo la* *siguiente tarea. **Ayúdame a aflojar el paso para que pueda verte y oírte».** Pídele que te ayude a experimentar su asombrosa presencia en tu vida diaria.*

→ Notas Para El Crecimiento

Una idea clave que he aprendido hoy:

_____

_____

_____

Cómo quiero crecer:

_____

_____

_____

Mi lista de oración:

_____

_____

_____

DÍA 17:

FUERA DEL ATAÚD

«Entonces se acercó y tocó el féretro. Los que lo
llevaban se detuvieron, y Jesús dijo: "Joven, ¡te
ordeno que te levantes!". El muerto se incorporó y
comenzó a hablar, y Jesús se lo entregó a su madre».
—Lucas 7.14-15

→ Imagínatelo

Jesús resucita al hijo de una viuda

Jesús se detuvo a la entrada de Naín, una pequeña ciudad
a un día de camino aproximadamente de Capernaúm, y ve
una escena desgarradora: un grupo ruidoso, pero fúnebre
que se dirige al cementerio local.

Las plañideras profesionales van a la cabeza haciendo sonar címbalos, tocando flautas y lamentándose. (Era
costumbre de aquella época contratar a estas personas.) La
madre camina sola detrás de esta triste multitud. Los hombres van detrás, portando el ataúd que contiene a su hijo
muerto.

Una madre que pierde a su único hijo es un doloroso pensamiento. Lo que es más, el marido de esta mujer
también ha muerto. Esto significa que, ahora, está completamente sola. ¿A quién regresará? ¿Cómo sobrevivirá?
¿Quién la consolará ahora? Su pena y su miseria deben de
ser insoportables.

Cuando los ojos de Jesús se encuentran con los de ella,
Jesús hace algo más que sentirte triste. Detiene la proce-
sión y ejerce su autoridad sobre la muerte, y ocurre algo
asombroso. ¡El muchacho vuelve a la vida y sale a rastras
del ataúd!

→ ESCÚCHALO

Explora la Palabra: Lucas 7.11-17

Una madre que pierde a su único hijo es un doloroso pensamiento. Lo que es más, el marido de esta mujer también ha muerto. Cuando los ojos de Jesús se encuentran con los de ella, lo embarga la compasión. Pero en este caso, hace algo más que sentirse triste. Ejerce su autoridad sobre la muerte. El muchacho vuelve a la vida y sale a rastras del ataúd.

Para mí (Arnie) resulta consolador saber que cuando pasamos por la angustia, el dolor y el sufrimiento, Jesús está allí a nuestro lado, sintiendo cada lágrima, cada dolor, cada pizca de tristeza. Y Jesús quiere que te preocupes por otros del mismo modo. Quiere que veas a las personas con «nuevos ojos».

Aunque la mayoría de los cristianos entienden que su vida podría —y debería— ser un reflejo de Jesucristo, con frecuencia permiten que el temor a sus colegas se interponga en el camino. Pero si Dios —Aquel que nos creó— dice que somos dignos de su amor, ¿por qué buscamos aquello que a nuestra cultura le parece guay para sentirnos bien con nosotros mismos?

La clave está en permitir que el Espíritu Santo y la verdad de la Biblia saturen tu corazón, tu mente y tu alma. Deja que Aquel que te creó a ti y todo lo demás de este mundo vuelva a moldear tu corazón, redefina tu autoestima y enfoque de nuevo tu visión.

¿Estás listo para un poco de «cirugía ocular»? Todo empieza siguiendo el ejemplo de Cristo.

→ CONÓCELO

• **Pídele a Jesús que te dé ojos para ver;** que te muestre cómo ser misericordioso, así como él lo es. Cristo extendió su mano a los que eran difíciles de mar, entabló amistad a aquellos que el mundo prefería olvidar y tocó a los que parecían intocables. Él ve nuestro valor. La compasión es una cualidad cristiana fundamental y, aparte de Cristo mismo, ninguna otra persona sobre la tierra ha llegado a representar mejor la compasión de Dios que la Madre Teresa. Como ella declaró: «Todos anhelamos el cielo donde está Dios, pero está en nuestro poder estar en el cielo con él ahora mismo, ser felices con él en este mismo momento. Pero ser feliz con él ahora significa amar como él ama, ayudar como él ayuda, dar como él da, servir como él sirve, rescatar como él rescata, estar con él veinticuatro horas al día, tocarlo en su angustioso disfraz».

* *Resuélvelo: ¿Estás dispuesto a tener alguna bondad para con un marginado? (Ya sabes, esa familia en la iglesia que parece un poco tosca; ese niño en la escuela con el que todos se meten.) ¿De qué manera te proporcionará «ojos de compasión» el llegar a conocer a los marginados?*

• **Confía en el poder de Cristo.** Si has atravesado alguna vez un periodo de dolor, enfermedad, pérdida, angustia o desesperación, probablemente sabrás lo que es dudar, cuestionar si de verdad Dios tiene el poder de vencer el mal y la muerte. A veces estamos tan perdidos en nosotros mismos, en nuestra propia miseria y dolor que resulta difícil ver y sentir la bondad y el amor de Dios siempre presentes. Nos preguntamos dónde está, por qué ha permitido que ocurran semejantes circunstancias, por qué no nos ha protegido de esa miseria. Es perfectamente normal sentirse de ese modo de vez en cuando, sobre todo durante periodos de gran conflicto. Pero a lo largo de estos periodos es importante recordar que la luz de Dios siempre vence la oscuridad, incluso cuando no parece del todo posible.

* *Resuélvelo: ¿Cómo afecta el poder de Jesús sobre la muerte tu forma de vivir tu vida? El Señor quiere nuestra confianza y la autoridad completa sobre nuestro corazón. ¿Lo tiene? ¿Hay algo que esté bloqueando tu relación con él?*

• **Ora: «Señor, enséñame a ver a los demás de la forma que tú los ves».** Pídele a Jesús que te capacite para ver la valía de la persona. Pídele que te ayude a comprometerte a orar a diario por tus amigos.

→ NOTAS PARA EL CRECIMIENTO

Una idea clave que he aprendido hoy:

_____

_____

_____

Cómo quiero crecer:

_____

_____

_____

Mi lista de oración:

_____

_____

_____

JESÚS CAMINA SOBRE EL AGUA

«En la madrugada, Jesús se acercó a ellos caminando
sobre el lago. Cuando los discípulos lo vieron
caminando sobre el agua, quedaron aterrados.
"¡Es un fantasma!", gritaron de miedo».
—Mateo 14.25-26

→ IMAGÍNATELO

«¡Apéate del barco y toma mi mano!».

Los discípulos están en apuros. Son alrededor de las tres de
la madrugada y están hacinados en un barco de pesca, intentando con desesperación huir de la tormenta que azota el
lago. Pero cuesta mucho remar y los hombres están exhaustos.

De repente, el temor se convierte en terror. Justo por
encima de las olas descubren una forma humana... *¡caminando* sobre el agua!

¿Su respuesta? No exactamente un «diez» en la escala
Richter de la fe.

«¡Es un fantasma!», se gritan el uno al otro.

A estas alturas deberían estar diciendo: «Señor, una vez
más vemos que eres quien dices ser. ¡Gracias por venir a
salvarnos!». Pero en vez de esto, se asustan.

Jesús los oye y sonríe. «Cobren ánimo —les dice—. No
tengan miedo. Soy yo».

→ ESCÚCHALO

Explora la Palabra: Mateo 1.18-25

El pasaje de hoy tiene lugar justo después de que Jesús alimentara a la multitud con los panes y los peces del

muchacho. Cuando la gente se da cuenta del milagro que Jesús ha realizado, quieren convertirlo en rey y están dispuestos a obligarlo. Una de las razones de esto es que durante años los judíos estuvieron obligados a vivir bajo el gobierno romano. Así que entenderás por qué, tras ver todos sus milagros, los judíos piensan que pueden usar a Jesús para darles una paliza a los romanos.

Pero Jesús no se dejará manipular. Dios quiere darle a las personas una vida rebosante, pero en sus términos. Quiere salvar a esa gente, pero quiere rescatarlos de las garras de Satán y no de los romanos. Quiere darles lo que necesitan de verdad, no lo que ellos quieren.

Por tanto, ¿qué hace Jesús cuando ellos intentan obligarlo a jugar según sus reglas? Bueno, pues se las apaña para... desaparecer.

¿Con cuánta frecuencia hace esto en nuestras vidas? Cuando intentamos obligar a Dios a hacer algo a nuestra manera, ¿cuántas veces parece retirarse? Pero Jesús nunca está demasiado lejos.

A continuación, la escena cambia; vemos a los discípulos y lo mal que lo están pasando en el lago. ¿Y qué aprenden ellos y, en realidad, todos nosotros? Podemos confiar en que Cristo es nuestro protector. Podemos consolarnos en esta verdad la próxima vez que sintamos miedo o confusión sobre algo. Jesús no está aquí para decirnos que somos unos irresponsables por estar atrapados en una tormenta. No está ahí para gritarnos por tener tan poca fe. En vez de esto, está siempre ahí para velar por nosotros, alentarnos, aliviar nuestros temores.

Siempre está ahí, deseando subir a nuestro barco y aguantar la tormenta con nosotros.

→ Conócelo

• **La lucha es, sencillamente, parte de la vida.** Sin embargo, cuando nos encontramos con una prueba, ¿qué ocurre? El temor empieza a apoderarse de nosotros. Parece como si la lucha y el temor fueran de la mano. En realidad, el temor es una de las herramientas favoritas que Satanás usa en contra nuestra. Pero las buenas noticias son que Dios nos dice —desde el principio hasta el final de la Biblia— que él ha vencido el temor, las pruebas y las tribulaciones de este mundo. Ya no somos esclavos de ellos. Como hijos suyos ¡somos libres! De modo que, cuando luchemos y empecemos a sentirnos paralizados por el miedo, esto es lo que deberíamos de hacer. (1) Aceptar nuestras circunstancias, (2) reconocer el temor y (3) entregar nuestras emociones y nuestras pruebas a Dios.

> ✳ *Resuélvelo: ¿has tenido alguna vez miedo de Jesús? (Explica, por favor.) Si hubieras estado aquella noche en el barco, ¿habrías reaccionado como lo hizo Pedro? ¿De qué forma te estás apeando del barco y tomando riesgos? ¿Qué te mantendría en el barco... o qué haría que te hundieras?*

• **En momentos de aflicción, clama a Jesús.** Él nos capacitará con el Espíritu Santo y nos ayudará a gestionar cualquier cosa a la que nos enfrentemos. Henry T. Blackaby nos recuerda la fuerza sobrenatural que está disponible para todo creyente: «Nunca entenderás por completo cómo pudo Dios darte paz en algunas de las situaciones que afrontas, pero no tienes por qué comprender para experimentarlo [...]. Las Escrituras dicen que no nos angustiemos por nada. La Palabra de Dios indica con claridad que no hay nada a lo que te puedas enfrentar que sea demasiado difícil, inquietante o temible para Dios».[1]

> ✳ *Resuélvelo: Cuando la vida parece fuera de control y temes estar a punto de «hundirte», ¿extiendes tu mano hacia Jesús... o intentas nadar por tu cuenta? (Explica tu respuesta.)*

• **Ora: «Señor, ayúdanos a recordar que tú eres fiel y que se puede confiar en ti».** Pídele a Jesús que te recuerde esto cada día y que te ayude a orar en medio de las circunstancias difíciles.

---

1. Henry T. Blackaby, *Experiencing God Day-By-Day* (Nashville, TN: Broadman & Holman Publishers, 1998), p. 39.

→ Notas Para El Crecimiento

Una idea clave que he aprendido hoy:

_____

_____

_____

Cómo quiero crecer:

_____

_____

_____

Mi lista de oración:

_____

_____

_____

DÍA 19:

«QUIÉN DICEN USTEDES QUE SOY YO»

«Cuando llegó a la región de Cesarea de Filipo,
Jesús preguntó a sus discípulos: "¿Quién dice
la gente que es el Hijo del hombre?"».
—Mateo 16.13

→ IMAGÍNATELO

«Tú eres el Cristo, el Hijo del Dios viviente»

Después de llegar Jesús a los pueblos de Cesarea de Filipo, les pregunta a sus discípulos: «¿Qué está diciendo la gente sobre quién es el Hijo del hombre?».

Ellos le contestan: «Unos piensan que es Juan el Bautista, algunos dicen que Elías y otros que Jeremías u otro de los demás profetas».

Él insiste: «¿Y ustedes? ¿Quién dicen que soy?».

Simón Pedro afirma: «Tú eres el Cristo, el Mesías, el Hijo del Dios viviente».

Jesús vuelve a decir: «¡Dios te bendiga, Simón, hijo de Jonás! No has sacado esa respuesta de libros ni de maestros. Mi Padre en el cielo, Dios mismo, te reveló este secreto de quién soy en realidad. Y ahora yo te voy a decir quién eres tú, quién eres *en realidad*. Tú eres Pedro, una roca. Esta es la roca sobre la que edificaré mi iglesia, una iglesia con una energía tan expansiva que ni siquiera las puertas del infierno la mantendrán fuera.

«Y eso no es todo. Tendrás acceso completo y libre al reino de Dios, llaves para abrir y cerrar todas y cada una de las puertas: no más barreras entre el cielo y la tierra, la tierra y el cielo. Un sí en la tierra es sí en el cielo. Un no en la tierra es un no en el cielo».

Les pide a los discípulos que guarden el secreto de su identidad. Los hace prometer que no le dirán a nadie que él es el Mesías.

→ Escúchalo

Explora la Palabra: Mateo 16.13-28

Jesús se hizo nada para que pudiéramos tenerlo todo.

Llevó una corona de espinas para que nosotros pudiéramos llevar una corona de gloria. Comió con los hombres para que algún día pudiéramos cenar con Dios. Se hizo pecado, para que pudiéramos convertirnos en justicia. Lloró lágrimas en la tierra para que nunca tengamos que derramarlas en el cielo. Caminó por caminos polvorientos para que pudiéramos caminar sobre calles de oro.

Murió para que pudiéramos vivir.

¿Quién era, pues, este Hombre cuya vida —y muerte— cambió el curso de la historia?

Sin hermosura. Isaías presagió las agonías de Cristo en la cruz centenares de años antes de su nacimiento. También sabía algo sobre el aspecto de Jesús: «No había en él belleza ni majestad alguna; su aspecto no era atractivo y nada en su apariencia lo hacía deseable» (Isaías 53.2).

Si no tenía hermosura externa, entonces ¿por qué atrajo a tanta gente? La belleza de Cristo era interna. De su corazón emanaba un amor ilimitado. La paz de sus ojos arrastraba a las multitudes. El gozo de su sonrisa era contagioso. Jesús no tenía apostura... y tampoco la necesitaba.

Sin popularidad. La Biblia también describe a Jesús como alguien que «se rebajó voluntariamente, tomando la naturaleza de siervo y haciéndose semejante a los seres humanos» (Filipenses 2.7).

Cristo nació en un refugio para animales en el pueblo de Belén y fue educado en el quinto pino de Galilea por un carpintero del montón. Más tarde en la vida, a pesar de las muchas veces que ayudó a los demás, la gente se olvidó de darle las gracias, le pidió que se marchase e intentó hacerle parecer estúpido. Los que estaban a su alrededor, pronto se fueron, algunos de ellos corriendo. Si acaso, Jesús tenía mala mala reputación, lo bastante mala para que lo mataran en una cruz.

Sin pecado. La Biblia estampa tres veces las palabras «sin pecado» en la persona de Cristo:

Al que no cometió pecado alguno, por nosotros Dios lo trató como pecador, para que en él recibiéramos la justicia de Dios (2 Corintios 5.21).

Él no cometió ningún pecado ni hubo engaño en su boca (1 Pedro 2.22).

Pero ustedes saben que Jesucristo se manifestó para quitar nuestros pecados. Y él no tiene pecado (1 Juan 3.5).

→ Conócelo

• **Céntrate en el Dios de la Biblia.** Si miras por un telescopio y estudias los cielos, como C. S. Lewis observó, sin duda llegarás a la conclusión de que nuestro Creador es «bastante despiadado y no es amigo del hombre [...]. El universo es peligroso y aterrador». Ahora considera esta imagen de Dios en las Escrituras: un padre perdonador que abraza a su hijo pródigo. Es importante que conozcas la verdad sobre Dios. Los pensamientos equivocados acerca de nuestro Señor paralizará tu caminar cristiano, porque un ídolo de la mente es tan peligroso como un ídolo de las manos.[1]

✳ *Resuélvelo: ¿Te han engañado alguna vez las falsedades sobre Jesús? (Explica, por favor.) Haz una lista de los nombres que la Biblia le da al Señor.*

• **La santidad y el amor forman parte de la esencia de Dios.** Con todo, considera esto: La santidad de Dios no puede evitar destruir todo lo que entre en su presencia sin ser santo. Esta verdad es difícil de comprender, porque, como pecadores, estamos lejos de ella. Del otro lado de la moneda, el amor de Dios también es algo que no podemos

---

1. *Grow Your Christian Life* (Downers Grove, IL: InterVarsity Press, ©1962), p. 21.

entender del todo. Y, a causa de esto, él perdona nuestro pecado por medio de Jesucristo y nos lleva de nuevo a la comunión con él. Abandonar a sus hijos imperfectos, que no son santos, es algo impensable para Dios, como también era algo inaudito para el padre del hijo pródigo. El apóstol Pablo escribe: «Todos ustedes son hijos de Dios mediante la fe en Cristo Jesús, porque todos los que han sido bautizados en Cristo se han revestido de Cristo» (Gálatas 3.26-27). Cristo nos envuelve en su santidad y, cuando venimos a la presencia de Dios estamos protegidos. Es como si Jesús se expusiera al calor abrasador de la santidad y la justicia de Dios para llevar el castigo por nosotros.

✳ **Resuélvelo:** *¿Cómo podemos impedir la destrucción? ¿Dónde está nuestra esperanza?*

• **Ora: «Jesús, quiero conocerte y acercarme más a ti».** Pídele que guarde tu corazón de las falsedades sobre él y que te ayude a encontrarle en las Escrituras.

→ Notas Para El Crecimiento

Una idea clave que he aprendido hoy:

_____

_____

_____

Cómo quiero crecer:

_____

_____

_____

Mi lista de oración:

_____

_____

_____

DÍA 20:

UN RARO VISLUMBRE DE DIOS

> «Mientras estaba aún hablando, apareció una
> nube luminosa que los envolvió, de la cual salió
> una voz que dijo: "Éste es mi Hijo amado; estoy
> muy complacido con él. ¡Escúchenlo!"».
> —Mateo 17.5

→ IMAGÍNATELO

La transfiguración de Jesús

Jesús lleva a Pedro, Jacobo y Juan a una alta montaña a orar. Al comenzar una conversación en oración ferviente con su Padre celestial, los discípulos se quedan dormidos.

Algún tiempo después, se agitan en su sueño y, aunque solo están medio despiertos, ven cómo toda la apariencia de Cristo cambia mientras ora.

Su rostro brilla como el sol y sus vestiduras son tan blancas como la luz. De repente, Moisés y Elías aparecen y hablan con Jesús.

Pedro alza su voz: «Señor, es bueno para nosotros quedarnos aquí. Si quieres, levantaré tres enramadas, una para ti, una para Moisés y otra para Elías».

Mientras habla, una nube resplandeciente los rodea y una voz dice desde en medio de ella: «Este es mi Hijo amado; estoy muy complacido con él. ¡Escúchenle!».

Los discípulos caen con el rostro a tierra, aterrorizados. Pero Jesús los toca. «Levántense —les dice—. No tengan miedo».

Levantan la mirada y no ven a nadie, excepto a Jesús.

Mientras descienden del monte, Jesús dice: «No le digan a nadie lo que han visto, hasta que el Hijo del Hombre resucite» (Mateo 17.9).

→ Escúchalo

Explora la Palabra: Mateo 17.1-19

¡Vaya experiencia en la cima de una montaña! Como formaban parte del círculo interno de Jesús, Pedro, Jacobo y Juan tenían asientos en primera fila para toda la acción. Y cualquier duda que tuvieran sobre la verdadera identidad de Cristo se la tragó aquella nube celestial... ¿verdad?

Bueno, no del todo.

Cuando Jesús dijo: «El Hijo del Hombre va a ser traicionado y entregado en manos de los hombres», los discípulos no entendieron de qué estaba hablando. (Ver Marcos 9.32.) Y, lo que es más, algunos de ellos seguían pensando que Jesús era un profeta, uno increíblemente asombroso, pero solo un profeta. Después de todo, le habían visto hacer las cosas sobrenaturales que hacen los profetas: predica, enseñar, sanar... hacer milagros. Y dado que dos famosos profetas aparecieron con Jesús, ellos supusieron con toda naturalidad que estaban entre iguales, «colegas divinos», por así decirlo. Por asombroso que nos pueda parecer, los discípulos todavía no acababan de entender que Jesús era el Mesías.

Resulta fácil señalar con el dedo y decir, «¿Cómo pueden ser tan cortos de entendederas? Han tenido todos esos momentos íntimos, cara a cara con Jesús ¡y siguen sin captarlo!».

Sinceramente... no somos tan distintos.

Piensa en las muchas bendiciones que recibimos del Señor, las montañas que nos ha ayudado a escalar, los valles por los que nos ha llevado. Y, además, todas esas innumerables intervenciones invisibles en la esfera espiritual. Con todo, cuando nos enfrentamos a épocas de lucha, no siempre recordamos la sabiduría del salmista: «Quédense quietos, reconozcan que yo soy Dios» (Salmos 46.10). A veces dudamos y cuestionamos a Dios. En ocasiones nos sentimos abandonados por él y nos preguntamos si tiene poder para liberarnos de nuestras aflicciones.

Desde el principio, el Mesías está junto a nosotros. «Este es mi Hijo amado» —nos dice Dios—, con él estoy muy complacido. ¡Escúchenle!».

¡Confía en él!

→ Conócelo

• **Vence la duda antes de que te derrote.** La vida puede ser complicada. Hay tantas cosas que intentan captar nuestra atención. Resulta fácil confundirse y tomar malas decisiones. Pero debemos permanecer centrados en Dios y buscar con diligencia sus caminos. «Tengan fe en Dios —respondió Jesús—. Les aseguro que si alguno le dice a este monte "Quítate de ahí y tírate al mar", creyendo, sin abrigar la menor duda de que lo que dice sucederá, lo obtendrá. Por eso les digo: Crean que ya han recibido todo lo que estén pidiendo en oración, y lo obtendrán» (Marcos 11.22-24).

✻ *Resuélvelo:* ¿*Existen directrices de lo que puedes pedir en oración?*

• **Recuerda: Dios ve la imagen panorámica.** Si no conocemos a Dios, es fácil buscar la verdad en las cosas de este mundo. Siempre nos sentiremos decepcionados cuando confiemos en alguien que no sea Dios. «Confíen en el Señor para siempre, porque el Señor es una roca eterna» (Isaías 26.4).

✻ *Resuélvelo:* ¿*Cómo afecta el poder de Dios a mi vida personal? ¿De qué formas podemos conectar con el poder de Dios?*

• Ora: «Señor, te ruego que me ayudes a reconocer tu verdadera identidad. Abre mis ojos a las formas en que me quieres ayudar cada día». Pídele que te ayude a no perderte su obra en tu vida.

→ Notas Para El Crecimiento

Una idea clave que he aprendido hoy:

_____

_____

_____

Cómo quiero crecer:

_____

_____

_____

Mi lista de oración:

_____

_____

_____

DÍA 21:

SALIVA DIVINA... VISTA ETERNA

«"Mientras sea de día, tenemos que llevar a cabo la
obra del que me envió. Viene la noche cuando nadie
puede trabajar. Mientras esté yo en el mundo, luz soy
del mundo". Dicho esto, escupió en el suelo, hizo barro
con la saliva y se lo untó en los ojos al ciego, diciéndole:
Ve y lávate en el estanque de Siloé (que significa:
Enviado). El ciego fue y se lavó, y al volver ya veía».

—Juan 9.4-7

→ Imagínatelo

Limpiado en el Estanque de Siloé

Su día empieza como cualquier otro: mendigando un poco
de comida o una taza de agua, escuchando los sonidos del
mundo que se apresura por delante de él... tanteando su
camino hacia un rincón invisible donde poder desaparecer.
No hay apoyo. No hay bondad. No hay esperanza.

Oscuridad. Es lo único que el ciego ha conocido jamás.
Nació así, y estaba destinado a morir como un marginado
solitario. Saliendo adelante con su miserable existencia de
ciudadano de segunda clase... o como lo han etiquetado en
la Ciudad Santa, de «pecador».

Así que no le sorprende cuando una cierta pregunta se
clava en sus oídos, procedente de un grupo de hombres que
pasan por allí: «Rabí, ¿quién pecó, este o sus padres, para
que naciera ciego?».

La respuesta lo cambia todo. «Ni este hombre ni sus
padres pecaron, pero esto ocurrió para que la obra de Dios
pueda manifestarse en su vida».

¡Esa voz! El ciego detecta un tono de compasión y amor en cada palabra, dos cosas que no está acostumbrado a recibir. Y, a continuación, lo inesperado. Las yemas de unos dedos húmedos que masajean suavemente sus ojos.

«Ve —le ordena esa misma voz—, lávate en el Estanque de Siloé».

El hombre se levanta y se dirige al estanque más famoso de Jerusalén. Hunde sus manos en las frías aguas y empapa frenéticamente su rostro. Cuando el último residuo de barro cae de sus mejillas, sus párpados empiezan a aletear y parpadea unas cuantas veces.

De repente, ¡luz!

Al principio es doloroso, pero rápidamente se convierte en algo hermoso. ¡Glorioso! Los colores y las formas entran en enfoque. Ve la luz del sol que brilla en el agua. Se gira y clava su mirada en las personas; rostros de amigos y familiares que nunca antes ha visto.

¿Será verdad? ¿El hombre que ha conocido tiene el poder de traer luz a sus ojos oscurecidos?

→ ESCÚCHALO

Explora la Palabra: Juan 9.1-41

Los eruditos bíblicos que analizan esta historia suelen tener mucho que decir sobre el barro que Jesús aplicó sobre los ojos de este mendigo. Lo describen como un recordatorio del momento en que Dios creó al hombre del barro y señalan que los fariseos considerarían que hacer lodo (mezclar la saliva con el polvo) sería un trabajo y, por tanto, ilícito en sábado.

Aunque cada uno de estos puntos pueda ser verdad, yo (Arnie) no puedo evitar pensar en la humanidad de Cristo en este milagro. Cada vez que leo este pasaje, me choca una verdad alucinante: *Jesús es completamente hombre y completamente Dios.*

No obstante, es triste ver la enorme cantidad de personas están dispuestas a creer lo uno o lo otro, pero no ambas cosas. No tienes más que hojear cualquier Biblia para niños ilustrada y entenderás de qué estoy hablando. Con demasiada frecuencia se representa a Jesús como una especie de surfista pastor de jóvenes, sonriente, de ojos azules y barba rubia. (Pocos artistas lo presentan como un hombre de pelo en pecho, del tipo que de verdad... bueno... pues que escupiría.)

Sin embargo, Jesús escupió. Y eso no es todo. Eructaba, se reía. Probablemente tendría hipo. También le escupieron y sintió dolor cuando lo golpearon, lo azotaron y lo crucificaron.[1] Con todo, su «humanidad» pudo hacer algunas cosas bastante asombrosas. Fue capaz de sanar a personas, porque Jesús no solo es completamente hombre; también es completamente Dios.

Por esta razón, su escupitajo, su toque, su palabra podían hacer cosas sorprendentes.

Podía sanar cualquier aflicción, incluso la muerte misma. Jamás pecó de palabra, de acto ni de pensamiento. Después de morir, volvió a la vida. (Las Escrituras recogen una última vez que Jesús escupe. En Apocalipsis 3.16 escupe a los que son tibios en su amor por él.)

Vuelve al pasaje de hoy y léelo de nuevo, pensando en esto: Jesús experimentó la vida como lo hacemos nosotros. Pero también es Dios, así que puedes hablarle en cualquier momento sobre lo que está ocurriendo en tu vida. Y puedes confiar en que entenderá. (¿Por qué no hablar con él ahora mismo?)

→ Conócelo

• **No intentes jamás encajar a Jesús en tu imagen de cuál sería el aspecto del Mesías y cómo actuaría.** Esto es lo que hicieron los sacerdotes judíos. Hombres que habían entregado su vida al estudio de las Escrituras y a buscar al Hijo de Dios, se encontraron con Jesús cara a cara y lo rechazaron. ¡Imagínate! No confiaron en Jesús porque no

---

1. Ver Mateo 26.67 y 27.30.

encajaba con la definición humana que se habían hecho de cuál debía de ser el aspecto del Mesías y cómo se comportaría. Como dijimos el Día 19, céntrate en lo que las Escrituras dicen sobre el Señor y no en tus impresiones o en las falsedades que se dicen de él.

✻ *Resuélvelo: Cuando hablas con otros sobre Jesús, ¿cómo lo describes?*

• **Acepta el misterio de la Trinidad.** Piensa en esto: Tenemos un Dios, pero él es tres Personas. El autor y erudito James Montgomery Boice lo explica de este modo en su libro, *The Sovereign God*: «Si alargas tu mano y la miras, cada una de estas tres cosas está presente. Hay luz, porque solo con luz puedes ver tu mano... También hay calor entre tu cabeza y tu mano. Puedes demostrarlo sosteniendo un termómetro. Variará si vas de una habitación fría a otra caliente, o desde el exterior al interior. Finalmente, hay aire. Puedes soplar sobre tu mano y sentirlo. Puedes mover tu mano y abanicarte el rostro»[2]. Boice destaca que aunque la luz, el calor y el aire son distintos entre sí, es imposible tener uno sin los otros (al menos en un entorno terrenal). Son tres cosas, y, a pesar de ello, una sola.

✻ *Resuélvelo: Lee Juan 1.14 y después comparte con tus propias palabras cómo Jesús es completamente divino y completamente humano, y la segunda persona de la Deidad.*

• **Ora: «Jesús, sé que tú eres el único Dios trino: Padre, Hijo y Espíritu Santo; lo creo, no porque lo entendamos, sino porque la Biblia así lo enseña y el Espíritu Santo da testimonio de esta verdad en nuestros corazones».** Pídele a Jesús que te ayude a explicarle esta verdad a otros.

---

2. Boice, James Montgomery, *The Sovereign God* (Downers Grove, IL: InterVarsity Press, © 1978), pp. 141-142.

→ NOTAS PARA EL CRECIMIENTO

Una idea clave que he aprendido hoy:

_____

_____

Cómo quiero crecer:

_____

_____

Mi lista de oración:

_____

_____

_____

JESÚS ES EL BUEN PASTOR

DÍA 22:

UN REBAÑO, UN PASTOR

«Yo soy el buen pastor; conozco a mis ovejas, y ellas
me conocen a mí, así como el Padre me conoce a mí
y yo lo conozco a él, y doy mi vida por las ovejas».
—Juan 10.14-15

→ IMAGÍNATELO

Confiar en el Buen Pastor

No hay mejor imagen del profundo amor de Jesús y de su compromiso total con nosotros que la ilustración de un pastor. La vida de un cuidador de ovejas entregado significa una devoción total por su rebaño, una devoción que incluye poner la vida de las ovejas por encima de la suya.

En primer lugar, hay ladrones y salteadores, hombres deshonestos que intentan atraer a los corderos para que se aparten de la manada y llevárselos. No están interesados en el bienestar de los animales; solo quieren el dinero que pueden obtener de ellos.

¿Te suena familiar? Lamentablemente hay bastante gente así hoy día, personas que han convertido el cristianismo en un asunto de dinero en vez de un compromiso de amor.

Pero Jesús deja claro que si buscamos a Dios con sinceridad, acabaremos por ser capaces de distinguir su voz de la de los ladrones.

En segundo lugar, hay muchos animales salvajes, lobos en su mayoría. Cuando se acercan, feroces y voraces por el hambre, los asalariados suelen huir. ¿Para qué arriesgar su vida por la propiedad de otro?

Pero el pastor comprometido nunca considera a su rebaño como una «propiedad». Ha llegado a conocer y amar a cada una de las ovejas como si fueran individuos. De hecho, su amor y su dedicación por ellas es tan intenso que luchará hasta la muerte para protegerlas.

Además está el terreno peligros en el que pastan las ovejas, arriesgados paisajes de boquetes, precipicios y barrancos. Conociendo estos escollos, el pastor cuidadoso nunca empuja ni obliga a su manada. Más bien va delante de ellas, explorando los caminos más seguros, conduciéndolas por zonas que ya ha comprobado.

El buen pasto también es importante. Pastar es casi lo único que hacen las ovejas, así que ¿por qué no hacérselo lo más agradable posible? Un pastor sensible corre grandes riesgos por encontrar la mejor tierra de pasto para sus ovejas, para hacerles la vida tan feliz y plena como pueda.

Y, finalmente, están los rediles de las laderas, lugares donde los animales pueden reunirse para protegerse durante la noche. Para asegurarse de que estén verdaderamente a salvo, el pastor duerme en el suelo a la entrada del aprisco. Actúa literalmente como una puerta humana, una entrada que supone el único medio de llegar al rebaño.

→ Escúchalo

Explora la Palabra: Juan 10.1-2

Al compararse al buen pastor, Jesús promete cuidar de nosotros con un amor tierno, intenso y generoso: nos protegerá del mal, luchará contra cualquier enemigo que esté intentando destruirnos, irá delante de nosotros en toda situación y nos dará una vida feliz y plena.

Y... ¡adivina una cosa! Como cristianos, el Señor quiere que compartamos este mismo tipo de amor radical con el mundo. ¿Cómo?

El amor de Cristo en nosotros y el derramamiento de su amor a través de nuestras palabras, nuestra calidez y nuestro caminar son los que ayudarán a que otros se aparten del mal. Es el Héroe reflejado en nuestro rostro quien les abrirá los ojos a la eternidad. «Dios desea tomar nuestro rostro —escribe Max Lucado—, esa parte expuesta y memorable de nuestros cuerpos y usarlos para reflejar su bondad».

→ Conócelo

• **Una idea de cómo se supone que se debe expresar el amor:** «El amor es paciente, es bondadoso. El amor no es envidioso ni jactancioso ni orgulloso. No se comporta con rudeza, no es egoísta, no se enoja fácilmente, no guarda rencor. El amor no se deleita en la maldad sino que se regocija con la verdad. Todo lo disculpa, todo lo cree, todo lo espera, todo lo soporta» (1 Corintios 13.4-8).

   ✳ *Resuélvelo: ¿Estás compartiendo el amor de Dios con los que están a tu alrededor? ¿Qué ve la gente cuando mira tu vida? ¿Humildad, amabilidad, bondad... un reflejo del rostro de Cristo?*

• **Muestra amabilidad en tus palabras y actos.** El autor superventas Frank Peretti, un hombre que se siente entre los «heridos que caminan» del mundo, advierte a los cristianos sobre el abuso verbal: «Es como llevar una señal pintada colgando de tu cuello que diga "Arremete contra mí, porque te saldrás con la tuya". Empiezas a esperar ser tratado de ese modo y los demás niños reaccionan ante esto como un animal que olfatea su presa. Así me ocurrió a mí. Mi mundo adolescente fue una prisión virtual. Esta es una advertencia para los cristianos de todas las edades: No tengas nada que ver con palabras que hieren».[1]

   ✳ *Resuélvelo: Cuenta cómo luchas por transmitir esperanza a través de las cosas que haces o dice. Piensa en alguien de tu vida que esté sufriendo. Ahora comparte cómo vas a llegar hasta esa persona.*

---

1. Entrevistado por Tom Neven, "Teenage Torture", *Breakaway* Magazine, 6 octubre 2002.

• Ora: «Señor, enséñame a compartir el amor que experimento a través de ti con mis amigos, así como Cristo "puso su vida por sus amigos"». Pídele que use tus palabras y tus actos como claro mensaje de la salvación, la gracia y el amor de Dios.

→ Notas Para El Crecimiento

Una idea clave que he aprendido hoy:

_____

_____

_____

Cómo quiero crecer:

_____

_____

_____

Mi lista de oración:

_____

_____

_____

DÍA 23:

«¡LÁZARO, SAL FUERA!»

«Conmovido una vez más, Jesús se acercó al sepulcro.
Era una cueva cuya entrada estaba tapada con
una piedra. "Quiten la piedra", ordenó Jesús».
—Juan 11.38-39

→ IMAGÍNATELO

Yo soy la resurrección y la vida

Jesús se siente triste al acercarse a la tumba de Lázaro. Es una sencilla cueva en la ladera de la montaña y la entrada está tapada por una piedra. Su amado amigo está del otro lado de la barrera, y su corazón ya no late; su cuerpo inerte y frío yace en la tumba.

«Quiten la piedra», indica Jesús.

«Marta, la hermana del difunto, objetó: "Señor, ya debe de oler mal, pues lleva cuatro días allí"».[1]

Jesús ordena: "¡Lázaro, sal fuera!". ¡Y Lázaro, lo hizo! Es otro ejemplo del poder del Señor sobre la vida y la muerte. (Resucitar a alguien de los muertos no era nada del otro mundo para Jesús; él levantó al menos a cuatro personas distintas de entre los muertos durante su ministerio de tres años.)

Jesús la mira a los ojos. «¿No te dije que si crees verás la gloria de Dios?».[2] Sus demás promesas suenan veraces en este momento:

«Si ustedes creen, recibirán todo lo que pidan en oración».[3]

«Para el que cree, todo es posible».[4]

---

1. Ver Juan 11.39, versión *The Message* [trad. literal].
2. Juan 11.40.
3. Mateo 21.22.
4. Marcos 9.23.

Entonces el Señor le dice a los demás: «Vamos, quiten la piedra».

De modo que apartan la piedra y Jesús levanta los ojos al cielo y ora: «Padre, te doy gracias porque me has escuchado. Ya sabía yo que siempre me escuchas, pero lo dije por la gente que está aquí presente, para que crean que tú me enviaste».

El Señor dice en voz alta: «Lázaro, ¡sal fuera!». Y salió; un cadáver envuelto de pies a cabeza y con un pañuelo sobre el rostro.[5]

Jesús les indica: «Quítenle las vendas y dejen que se vaya».

→ Escúchalo

Explora la Palabra: Juan 11.17–44

Aparte de exhibir el poder de Jesús y demostrar quién es, ¿de qué forma se aplica a la vida el levantar a las personas de entre los muertos? Esto es lo que yo (Arnie) he aprendido sobre el desagradable tema de la muerte: llega de muchas maneras. No tenemos que yacer en la tumba para experimentarla.

Podemos ser jóvenes y estar vivos por fuera, y haber en nuestro interior partes de nosotros que ya se han muerto: sueños hechos pedazos, esperanzas destruidas y trozos de nuestra vida rotos y secos. Y, para muchos de nosotros —incluido yo— esos ámbitos pueden parecer tan imposibles de resucitar y de devolverlas a la vida como levantar un cadáver de cuatro días de entre los muertos.

En un momento dado, durante mis años jóvenes, en realidad perdí la esperanza hasta el punto de no querer seguir viviendo. Afortunadamente, salí de aquel oscuro periodo y hasta hallé esperanza en Jesucristo.

Aprendí que el primer paso para confiar en Jesús es la fe, sobre todo en que Dios puede responder, y responderá, a cada una de nuestras oraciones. También significa creer

5. Ver Juan 11.44, versión *The Message* [trad. literal].

que puede darnos algo mucho mejor de lo que estamos pidiendo... o retener algo que nosotros creemos necesitar. (Aprendí esta lección por las malas.)

Sabes, el Señor no es una máquina dispensadora cósmica; alguien echa monedas de fe y la respuesta sale a nuestro capricho. Esto sería tan solo fe *parcial*. La fe *completa* implica confiar en Dios de una forma más profunda. Implica confiar en que si pedimos algo incorrecto, Dios nos ama lo suficiente como para intervenir y darnos, en su lugar, lo que de necesidad necesitamos. (¿Qué tipo de amor sentiría hacia nosotros si siempre nos diera lo que *creemos* necesitar y no lo que él *sabe* que necesitamos?)

Además de confiar en Dios, de creer en él, debemos obedecer su dirección.

Si Marta y María no hubieran obedecido y se hubieran negado a quitar la piedra, a Lázaro le habría costado bastante salir de la tumba. La obediencia no siempre resulta fácil. Las hermanas se encontraban en una situación muy dura. Después de todo, ¿quién querría abrir la tumba de alguien después de que llevara cuatro días pudriéndose dentro? ¿Y qué me dices de la situación tan incómoda si no hubiera resultado?

Sin embargo, no vacilaron. Una vez entendida por completo la orden del Señor, están dispuestos a obedecer... aunque esto significara parecer locos.

→ Conócelo

• **Deja pasar y confía en Dios.** Si tiramos la toalla de las fortalezas de la independencia y permitimos que él tenga control de ellas, te asombrará ver cómo te lleva a una vida mejor de lo que hubieras podido imaginar.

✳ *Resuélvelo: ¿Qué te impide rendirte a Jesús?*

• **Ten disposición para creer y obedecer.** Si estás dispuesto, la cosa misma que crees muerta y la buena que se está pudriendo, que son, por igual, imposibles de salvar recibirán una vida nueva y abundante.

> ✳ **Resuélvelo:** *¿Cómo eres de obediente? ¿Estamos haciendo todo lo que Dios nos pide? ¿O tal vez hay ciertos ámbitos de nuestras vidas que seguimos reteniendo, porque en realidad no confiamos en él o porque nos sentimos decepcionados? (Por favor, explica tu respuesta.)*

• **Ora: «Señor, enséñame a compartir el amor que experimento a través de ti con mis amigos, así como Cristo "puso su vida por sus amigos"».** Pídele que use tus palabras y tus actos como claro mensaje de la salvación, la gracia y el amor de Dios.

→ Notas Para El Crecimiento

Una idea clave que he aprendido hoy:

_____

_____

_____

Cómo quiero crecer:

_____

_____

_____

Mi lista de oración:

_____

_____

_____

BIENVENIDA REAL
HOMBRE JUSTO

«Entonces trajeron el pollino a Jesús y echaron encima sus mantos, y Jesús se sentó sobre él. Y muchos tendieron sus mantos en el camino, y otros tendieron ramas que habían cortado de los campos. Los que iban delante y los que le seguían, gritaban: "¡Hosanna! Bendito el que viene en el nombre del Señor"».

—Marcos 11.7-9

→ Imagínatelo

¡Hosanna en las alturas!

Al acercarse a Jerusalén Jesús les dice a sus discípulos que vayan a buscar un pollino sobre el que nadie hubiera cabalgado. (Con frecuencia se guardaba un pollino de estas características en los pueblos para las visitas importantes.) Los discípulos de Jesús entienden enseguida lo que él pretende, montando este pollino: Está afirmando ser el cumplimiento de Zacarías 9.9.

¡Alégrate mucho, hija de Sión!
¡Grita de alegría, hija de Jerusalén!
Mira, tu rey viene hacia ti,
justo, salvador y humilde.
Viene montado en un asno,
en un pollino, cría de asna.

Jesús está anunciando que viene a la capital como su rey.

Los discípulos imaginan la escena: Jesús desfilará a lomos del pollino delante de las alegres multitudes, subirá los escalones del templo, entrará al atrio interior y agarrará los cuernos de las esquinas del altar. Esto significará que está declarando su condición de rey. Todo el pueblo se levantará contra los romanos y, con el poder de Dios respaldándolos, los judíos expulsarán rápidamente a los paganos e instaurarán el reino de Dios.

(Al menos, eso es lo que creen que va a suceder.)

Las multitudes se alegran. Incluso cubren el camino con sus capas y ramas de árboles para crear una alfombra real. Cristo entra a Jerusalén como Rey, pero no exactamente de la clase que los judíos imaginaban. Como no tardarán en descubrir, no viene como líder político, sino como *rey espiritual*.

→ Escúchalo

Explora la Palabra: Marcos 11.1-11

La próxima vez que vuelva Jesús lo hará como rey del mundo físico. Sin embargo, esta primera vez vino a vencer a Satanás y convertirse en el rey de nuestro corazón, mente y alma, y a darnos el amor supremo.

Es necesario que, como cristianos, reconozcamos que Satanás es nuestro enemigo, pero es un enemigo de Cristo derrotado en la cruz. Aun cuando tenemos victoria en Jesús, la batalla aquí en la tierra no ha acabado todavía. Aunque somos hijos del Rey, Satanás hará lo que sea para hacernos tropezar.

Pero tenemos poder por medio de Jesús. Podemos ser fuertes contra el diablo y no acobardarnos nunca ni sentir pánico. Memoriza este versículo y aférrate a esta verdad la próxima vez que sientas el fragor de la batalla espiritual: «Ustedes, queridos hijos, son de Dios y han vencido a esos falsos profetas, porque el que está en ustedes es más poderoso que el que está en el mundo» (1 Juan 4.4).

• **Empieza viviendo de nuevo siguiendo a Cristo en una nueva dirección.** El autor Frank C. Laubach describe esta experiencia como un despertar:

> ¿Te ha tocado Dios alguna vez como el *Gran Agitador?* Una cosa que parece haber determinado es que no nos quedemos dormidos. Nos creamos o descubrimos paraísos para nosotros mismos y estos empiezan a arrullarnos en una satisfacción somnolienta. Entonces llega Dios con su mano despertadora, nos agarra por los hombros y nos proporciona un sólido despertar.
>
> Y Dios sabe que lo necesitamos. Si nuestro destino consiste en *crecer* más y más hasta llegar a ser criaturas mucho más hermosas de lo que somos, con más de los ideales de Cristo, eso significa que es necesario que se rompan nuestras cáscaras con bastante frecuencia para que podamos crecer.[1]

✳ **Resuélvelo:** *¿Por qué es el despertar espiritual de Jesús la clave para el crecimiento espiritual? ¿Te sientes espiritualmente vivo... o muerto? (Por favor, explica tu respuesta.)*

• **Toma la decisión más importante por la que jamás nos inclinaremos en nuestra vida: Escoge la salvación por medio de Jesucristo.** Crecer en nuestra relación con Jesús es la búsqueda diaria de una vida perdonada. Su gracia es gratuita. Sin embargo, conforme reconocemos nuestro quebrantamiento, permitimos que Dios obre en nuestro corazón a un nivel más profundo de lo que podíamos imaginar. Él entra en nuestras heridas, nuestras esperanzas, nuestra amargura, nuestro amor, nuestros egoísmos, nuestras equivocaciones, nuestros deseos; no tiene más que nombrar el problema y Cristo obrará en ese ámbito de nuestra vida. Considera esto:

---

1. Frank C. Laubach, *Letter by a Modern Mystic* (Grand Rapids, MI: Fleming H. Revell, 1958), pp. 47-48.

Él es el único que conoce de verdad nuestros pensamientos privados y nuestras luchas.

> ✴ **Resuélvelo:** *Nombra algunos obstáculos que necesitas que Jesús elimine para tu crecimiento.*

• **Ora: «Señor, te reconozco como Rey de mi vida. Despiértame a la nueva vida en ti».** Pídele a Jesús que elimine lo que te impide crecer espiritualmente.

→ Notas Para El Crecimiento

Una idea clave que he aprendido hoy:

_____

_____

_____

Cómo quiero crecer:

_____

_____

_____

Mi lista de oración:

_____

_____

_____

DÍA 25:

¡HORA DE PURIFICAR EL TEMPLO!

«Llegaron a Jerusalén; y entrando Jesús en el templo comenzó a echar fuera a los que vendían y compraban en el templo, volcó las mesas de los cambistas y los asientos de los que vendían las palomas; y no permitía que nadie transportara objeto alguno a través del templo. Y les enseñaba, diciendo: ¿No está escrito "Mi casa será llamada casa de oración para todas las naciones"? Pero vosotros la habéis hecho cueva de ladrones».

—Marcos 11.15-17

→ Imagínatelo

Jesús expone el corazón de los líderes «religiosos»

El Señor ha vuelto a Jerusalén y decide visitar el templo. Recorrió la larga serie de pasajes abarrotados de gente y las escaleras que cruzan los túneles hasta llegar a un enorme atrio exterior, el conocido como Atrio de los gentiles.

Antes de que Jesús viniera a la tierra, el rey Herodes el Grande había ampliado el templo, cerrando la zona con columnatas y designándolo así como lugar de oración y adoración para los gentiles (o no judíos). Y, a lo largo de los años, las personas de otras tierras han gravitado por allí.

Aunque los treinta y cinco acres que ocupa el complejo se considera santo, se vuelve cada vez más sagrado a medida que los visitantes se adentran más en el templo, de este a oeste. Con todo, a los no judíos se les prohibía terminantemente traspasar el Atrio de los gentiles. Las señales de advertencia en griego y en latín están colocadas por todas partes. El castigo por poner el pie en las cámaras interiores:

la muerte.[1] (Los romanos permitieron que las autoridades judías llevaran a cabo ejecuciones por esta ofensa, aunque el ofensor fuera ciudadano romano.[2])

De modo que Jesús decide visitar este enclave popular. Pero con solo un vistazo, el Señor hace una mueca. Su corazón se rompe al ver en qué se ha convertido bajo el gobierno del sumo sacerdote Caifás.

El patio exterior está lleno de personas que compran y venden animales: ganado, aves, ovejas... todo para el sacrificio a altos precios, porque es un cártel. Los vendedores cambian la moneda común por la divisa en la que se deben hacer las ofrendas, el siclo, que es otro monopolio.[3] (¡Estos mercaderes llegan a ganar el mil ochocientos por ciento!)

Solo los ciegos y los sordos podrían orar en esta algarabía.[4] Más parece un bazar frenético controlado por hombres escrupulosos e interesados que un santuario que honra a Dios.

Así que, en el lugar mismo que es el centro simbólico de la nación, Jesús, por su propia cuenta, echa fuera a todos los que están vendiendo animales para el sacrificio y vuelca —con bastante violencia— las mesas de los cambistas. Evacúa a los mercaderes que venden palomas, hace salir del patio al ganado en una estampida y cierra las operaciones temporalmente.

Luego se sienta tranquilamente... y empieza a enseñar a una audiencia perpleja sobre el santo templo de Dios:

Mi casa ha de ser una casa de oración para todas las naciones (cf. Marcos 11.7).

Es la luz de las naciones, el lugar al que todos vendrán a reconocer a Dios (cf. Isaías 56.7-8).

Es un lugar de santidad, humildad, sinceridad, verdad y genuino arrepentimiento delante de Dios, no una «cueva de ladrones», no un sitio que pueda ser manipulado por hipócritas religiosos (cf. Marcos 11.17).

Es el cuerpo de Jesús; como Hijo de Dios, él es el Templo (cf. Juan 2.21-22).

---

1. Ver Bible History Online. Consultado: 18 julio 2014. http://www.biblehistory.com/jewishtemplo/ JEWISH_TEMPLEThe_Court_of_the_Gentiles.htm.
2. *Ibíd.*
3. Ver Karen C. Hinckley, *The Story of Stories: The Bible in Narrative Form* (Colorado Springs, CO: NavPress, 1991), p. 234.
4. *Ibíd.*

→ Escúchalo

Explora la Palabra: Marcos 11.12-33

Hasta ahora Jesús ha chocado principalmente con los líderes laicos del judaísmo: los fariseos y los maestros de la ley. Pero en ese momento había desafiado a los principales sacerdotes, cuyas familias eran probablemente dueñas del negocio que Jesús acababa de cerrar.[5]

Volvamos a las profundas percepciones del erudito bíblico, el doctor Craig G. Bartholomew, con respecto al pasaje de hoy:

> *Cuando vemos la limpieza del templo que hace Jesús en este contexto [que él es el templo] queda de manifiesto por qué los líderes judíos empezaron a buscar la forma de matarlo. No solo está desafiando sus amadas esperanzas, sus aspiraciones y anunciando la destrucción de su símbolo más querido. También está haciendo estas cosas ¡en el nombre del Señor, su Dios! Está actuando como si fuera el Mesías escogido de Dios. Aunque los fariseos, saduceos y otros que se esfuerzan por liderar a Israel no puedan estar de acuerdo en otra cosa, sí concuerdan en que este hombre, Jesús, amenaza toda su forma de vida con su afirmación del reino venidero. ¡Ese hombre tiene que desaparecer!*[6]

Tras la limpieza, la gente empieza a atosigar a Jesús para saber quién creía ser. Dejando a un lado su hazaña, exige cierta autoridad bastante alta. Si afirmaba ser el Cristo, más le valía ir al grano y exponer su argumento impresionando a todos con unos cuantos milagros.

Pero Dios no se deja intimidar.

Jamás será manipulado.

Los milagros de Jesús son para amar, sanar y alentar. Nunca pretendieron entretener al curioso. Así que en lugar de montar un circo, el Señor profetizó sobre su inminente resurrección. Pero, como suele ser el caso con la verdad espiritual, aquella gente no vio más allá de sus narices. Creyeron

---

5. *Ibíd.*
6. Craig G. Bartholomew y Michael W. Goheen, *The Drama of Scripture: Finding Our Place in the Biblical Story* (Grand Rapids, MI: Baker Academic, 2004), p. 157.

que hablaba de una interpretación inmediata y literal: «¿En cuántos días afirmas que puedes reedificar nuestro templo?».

No esperaban su profunda verdad eterna que cambia todas las reglas: «En tres días levantaré este templo, mi cuerpo, de entre los muertos para demostrar que estoy diciendo la verdad sobre mí mismo. Lo haré para demostrar una forma más pura y más poderosa de adoración, una en la que Dios ya no estará viviendo en un templo, sino en el interior de cada persona».

→ Conócelo

• **No olvides nunca quién es Jesús: el Dios justo.** Un día, todos nosotros compareceremos en su presencia y rendiremos cuentas de nuestra vida. «¡Terrible cosa es caer en las manos del Dios vivo!» (Hebreos 10.31). El autor John G. Mitchell establece esta relación con las acciones de Jesús en el templo y la forma en que esto se aplica hoy a nuestra vida: «Cristo limpió el templo cuando los hombres pecaron y lo profanaron. De manera similar, el Señor tiene derecho a purificarnos cuando pecamos. Es mucho mejor para nosotros confesar de buen grado nuestros pecados para que él pueda perdonarlos y limpiarnos. Y él está dispuesto y preparado a hacer exactamente esto. ¡Qué maravilloso es saber que la sangre de Jesucristo, el Hijo de Dios, nos limpia de todo pecado! (ver 1 Juan 1.7)».[7]

> ✳ **Resuélvelo:** *Basándote en la lección de hoy, cuenta con tus propias palabras lo que hacían los mercaderes del templo y los principales sacerdotes que desagradó tanto a Jesús. ¿Cómo se relaciona esto con tu vida y la vida de la comunidad de tu iglesia?*

• **Sean santos «como Cristo es santo».** *Santidad.* Es una de esas palabras que conjuran imágenes de señoras estiradas en la iglesia con vestidos florales. Incluso trae a nuestra mente una larga lista de normas rígidas, estrechas de miras que no tienen contacto alguno con la realidad, por no decir que están fuera de todo alcance. Pero considera esto: las

---

7. Esta cita está tomada de *Time With God: The New Testament for Busy People* (Dallas, TX: Word Publishing, 1991), p. 227.

Escrituras declaran: «Busquen la paz con todos, y la santidad, sin la cual nadie verá al Señor» (Hebreos 12.14). Pero admitámoslo: En ocasiones, nuestra vida parece desviarse mucho de cualquier cosa que se parezca remotamente a la santidad. Y la verdad es que nadie ha nacido santo. ¿Qué debe, pues, hacer un cristiano débil e imperfecto? Acude a Cristo en busca de ayuda. Echa un vistazo a lo que dice la Biblia en su versión *The Message:* «En resumen: así como una persona hizo lo malo y nos metió a todos en este problema con el pecado y la muerte, otro hizo lo correcto y nos sacó de él. Pero más que sacarnos del problema, ¡nos llevó a la vida! Un hombre le dijo "no" a Dios y arrastró a muchos al mal; un hombre le dijo "sí" a Dios y llevó a muchos a lo correcto».

✳ **Resuélvelo:** *¿Qué significa ser santo? ¿Cómo podemos vivir la santidad de forma práctica?*

• **Ora: «Señor, ayúdame a tener un corazón puro delante de ti, y a honrarte con mi cuerpo».** Pídele que purifique tus motivaciones.

→ Notas Para El Crecimiento

Una idea clave que he aprendido hoy:

_____
_____
_____

Cómo quiero crecer:

_____
_____
_____
_____

Mi lista de oración:

_____
_____
_____
_____

DÍA 26:

EL SEÑOR SIRVE A SUS SIERVOS

«Sabía Jesús que el Padre había puesto todas las cosas
bajo su dominio, y que había salido de Dios y a él
volvía; así que se levantó de la mesa, se quitó el manto
y se ató una toalla a la cintura. Luego echó agua en un
recipiente y comenzó a lavarles los pies a sus discípulos
y a secárselos con la toalla que llevaba a la cintura».

—Juan 13.3-5

→ IMAGÍNATELO

Agarra la toalla de la servidumbre

La costumbre judía exige que el siervo del anfitrión lave los
pies de los invitados.

Pero al no haber ningún anfitrión donde Jesús y sus
amigos están comiendo, tampoco hay siervo. (Otros relatos
del evangelio hablan de cómo los discípulos habían estado
discutiendo sobre cuán de ellos era el mayor, así que hay
grandes posibilidades de que la mayoría de ellos estuvieran
bastante preocupados sobre quién iba a acabar haciendo el
trabajo más bajo de lavar los pies.)

¿Pero qué hace Jesús?

Se levanta de la mesa de la cena, se despoja de su manto y se ata una toalla a la cintura. Luego vierte agua en un
recipiente y empieza a lavar los pies de cada uno de sus
discípulos.

Haz una pausa justo aquí y estudia la imagen mental
durante un momento.

Dios —el Creador de los cielos y de la tierra, de todo
hombre, mujer y niño que ha poblado jamás (y que poblará)

este mundo— se arrodilla y empieza a lavar los pies sudoro-
sos y sucios de sus seguidores.

Le toca el turno a Simón Pedro que le pregunta: «Señor, ¿tú me vas a lavar los pies?».

Jesús responde: «No entiendes lo que estoy haciendo,
pero más tarde lo comprenderás».

«No —insiste Pedro—. Jamás me lavarás los pies».

Jesús responde: «Si no te lavo, no tendrás parte
conmigo».

→ Escúchalo

Explora la Palabra: Juan 13.1-17

Qué imagen tan perfecta. Qué ejemplo perfecto del corazón de Dios, de la profundidad de su amor y de su compromiso con cada uno de nosotros.

También es una demostración perfecta de lo que, para
Dios, es la grandeza real. No se encuentra en el mundo de
los líderes, los atletas profesionales, las superestrellas de
Hollywood. Ni siquiera se encuentra en los grandes líderes
espirituales de nuestro tiempo. No son ellos a quienes Dios
considera grandes. De acuerdo con el Señor, «El que quiera
hacerse grande entre ustedes deberá ser su servidor, y el que
quiera ser el primero deberá ser esclavo de los demás; así
como el Hijo del hombre no vino para que le sirvan, sino
para servir».[1]

Esto es lo que dice el autor Henri J. M. Nouwen sobre
el ejemplo de servicio de Cristo:

«Tras lavar los pies de sus discípulos, Jesús dice: "Les
he puesto el ejemplo, para que hagan lo mismo que yo he
hecho con ustedes" (Juan 13.15). Después de entregarse
como comida y bebida, declara: "Hagan esto en memoria
de mí" (Lucas 22.19). Jesús nos llama a seguir su misión de
revelar el perfecto amor de Dios en este mundo. Nos llama
a una abnegación total. No quiere que guardemos nada para
nosotros mismos. Más bien quiere que nuestro amor sea

---

1. Mateo 20.26-28.

tan pleno, radical y completo como el suyo. Quiere que nos inclinemos hasta el suelo y que toquemos los lugares en los que otros necesitan más ser lavados. También quiere que nos digamos los unos a los otros: "Come de mí y bebe de mí". Mediante esta alimentación completa y mutua quiere que lleguemos a ser un cuerpo y un espíritu, unidos por el amor de Dios».

¿Estás preparado para la verdadera grandeza? Toma algunas claves de Jesús y alcanza a otros... como siervo.

→ Conócelo

• **Tómate el tiempo de mirar a tu alrededor.** Alguien te necesita. Alguien en la iglesia, en la escuela, en el hogar. Había un hombre de setenta y cuatro años cuya esposa padecía la enfermedad de Alzheimer; él necesitaba a alguien con quien hablar. Entonces apareció aquella pareja que tenía un hijo discapacitado; podían tomarse un respiro. No tienes por qué marcharte a un viaje misionero a Panamá para servir a Dios. Hazlo cada día... de muchas formas pequeñas.

✳ **Resuélvelo:** *Enumera formas en la que puedes servir a la comunidad de tu iglesia.*

• **Sé las manos y los pies de Cristo.** Desde su nacimiento a su muerte en una cruz, la vida de Jesús fue un brillante ejemplo de humildad y servicio. Alcanzó a los que nadie más quería cerca. Llevó amor a los que no eran amados, esperanza a los desesperados. ¿Qué me dices de ti?

✳ **Resuélvelo:** *Pídele a Dios que te ayude a encontrar al menos a una persona no cristiana a la que puedas alcanzar, por medio de la oración y también del servicio. Haz una lista ahora mismo y luego emprende acción.*

• **Ora: «Señor, quebrántame y úsame en maneras que extiendan el camino más allá de mi imaginación».** Pídele a

Jesús que te ayude a salir de tu zona de confort durante un par de semanas.

→ Notas Para El Crecimiento

Una idea clave que he aprendido hoy:

_____

_____

_____

Cómo quiero crecer:

_____

_____

_____

Mi lista de oración:

_____

_____

_____

DÍA 27:

LA ÚLTIMA CENA

«Mientras comían, Jesús tomó pan y lo bendijo. Luego
lo partió y se lo dio a sus discípulos, diciéndoles:
"Toman y coman; esto es mi cuerpo".
—Mateo 26.26

→ IMAGÍNATELO

Jesús ofrece alimento espiritual

Los doce hombres que estaban en el aposento alto con Jesús conocen cada detalle de la celebración de la Pascua; los
han aprendido durante toda una vida de rituales anuales.[1]

En primer lugar, se procede a buscar con lupa cualquier
levadura en la casa y toda la que se encuentre se destruye.
Luego se reúnen alrededor de una mesa baja. Cada bocado
de comida que se pone delante de ellos es simbólico: el pe-
rejil que representa la vida creada por Dios; el agua salada
en la que está metido les recuerda las lágrimas derramadas
durante la esclavitud, y también las hierbas amargas; el pan
sin levadura trae a la memoria la prisa con la que los israe-
litas abandonaron Egipto; cuatro copas de vino puntúan la
cena a intervalos y son el símbolo de la cuádruple expresión
de la prometida liberación del Señor: la Copa de la Santi-
ficación, la Copa del Juicio, la Copa de la Redención y la
Copa de la Alabanza.

Cuidadosamente estipulado, el lavamiento de manos
se sigue con meticulosidad, y se vuelve a contar la historia
de la Pascua en Egipto:

«...comeréis apresuradamente. Es la Pascua del Señor.
Porque esa noche pasaré por la tierra de Egipto, y heriré a
todo primogénito en la tierra de Egipto, tanto de hombre

---

1. Ver Leith Anderson, *Jesus: An Intimate Portrait of the Man, His Land, and His People* (Minneapolis: Bethany House, 2005), p. 294.

como de animal; y ejecutaré juicios contra todos los dioses de Egipto. Yo, el Señor. Y la sangre os será por señal en las casas donde estéis; y cuando yo vea la sangre pasaré sobre vosotros, y ninguna plaga vendrá sobre vosotros para destruiros cuando yo hiera la tierra de Egipto. Y este día os será memorable y lo celebraréis como fiesta al Señor; lo celebraréis por todas vuestras generaciones como ordenanza perpetua…» (Ver Éxodo 12).

Pero durante la cena de la Pascua de esta noche, falta algo.

Por lo general, justo al lado de los demás elementos simbólicos se encuentra un cordero asado. Esa carne, cocinada en la forma exacta que Dios había prescrito en Éxodo, significa el sacrificio cuya sangre protegía los hogares judíos del destructor. Pero los corderos oficiales no deben sacrificarse hasta mañana por la tarde, y solo por los sacerdotes del templo.[2] Además, Jesús pretende que esta comida sea diferente. Sabe que está a punto de convertirse en una de las noches más memorables de la vida del discípulo.

Al bendecir el pan lo parte y le da a cada uno de los hombres, diciéndoles: «Tomen. Coman. Este es mi cuerpo».

Luego levanta la copa, le da gracias a Dios por ella y se la ofrece a ellos. «Beban esto, todos ustedes. Esta es mi sangre. El nuevo pacto de Dios derramado por muchos para perdón de los pecados».

De repente, un tono serio invade la cena. ¿Qué ha dicho? Los pecados son perdonados por medio… de la sangre del rabbí?

«Desde ahora no beberé más de este fruto de la vid, hasta aquel día cuando lo beba nuevo con vosotros en el reino de mi Padre».

Jesús sigue explicando que se va a marchar y que, en su ausencia, los apóstoles se enfrentarán a una fiera oposición del mundo. Pero no han de tener miedo ni de sentirse abandonados, porque alguien llamado *Parakletos* —el Consolador, Consejero, Ayudador— vendrá en su ayuda.[3] Era el Espíritu que había inspirado a los profetas y que habían estado capacitando a Jesús para hacer sus obras de poder.

---

2. Ver Karen C. Hinckley, *The Story of Stories* (Colorado Springs, CO: NavPress, 1991), pp. 235-236.
3. Hinckley, *ibíd.*, p. 236.

Pero los discípulos se sienten incómodos y, a cada respuesta que Jesús les da, tienen más preguntas. ¿Adónde iba Jesús? ¿Por qué ellos no podían ir también?

→ ESCÚCHALO

Explora la Palabra: Mateo 26.17-30

Imagina estar sentado a la mesa con Jesús, sabiendo plenamente lo que está a punto de ocurrir (a diferencia de los discípulos). Su muerte parece tan cercana, tan real. Tu corazón se está haciendo pedazos.

Entonces, Jesús toma un trozo de pan, lo parte y dice: «Tomen y coman; este es mi cuerpo». Y una copa. Da gracias y dice: «Beban de ella todos ustedes».

Señor, ¿cómo puedes llevar a cabo todo esto?

«Esta es mi sangre del pacto, que se derrama por muchos para perdón de los pecados».

Y no se trata tan solo del pecado en general. ¡Tus pecados! ¡Mis pecados! Es un pensamiento aleccionador. Ese día, el más oscuro y deprimente para nuestro Señor, por ti y por mí.[4]

¿Cómo puede alguien amar tanto a otra persona?

¿Cómo puede entregar su vida… por mí?

Al leer este pasaje de las Escrituras, mi mente (soy Michael) regresa a la descripción que Juan el Bautista hace de Jesús (ver Juan 1.29-31). ¿A quién llama Santo? «¡Al Cordero de Dios!».

Suena extraño al oído, pero Juan conocía la verdad sobre Jesús y no quería que nadie se la perdiese. Se usaba un cordero en el sacrificio del templo para pagar por los pecados de los seres humanos. Cada día se sacrificaba un cordero por la mañana y otro por la noche.

Un simbolismo bastante sorprendente. Es la sangre de Jesús la que nos salva de la muerte eterna. De modo que, en un sentido, Juan está diciendo: «Miren, este es el cordero que Dios ha proporcionado, Aquel que sufrirá y morirá en nuestro lugar por todos nuestros pecados. Él llevará todos nuestros pecados —todos nuestros fracasos, todo lo que

---

4. Rvdo. Dirk R. Buursma, *Daylight Devotional Bible* (Grand Rapids, MI: Zondervan, 1988), p. 1049.

hayas hecho mal alguna vez— y se deshará de ellos para siempre. Cargará con toda esa culpa, toda esa censura sobre sí mismo. Asumirá el castigo que debería ser tuyo para que puedas quedar limpio, para que puedas ser libre».

Piensa en esta verdad —estas escenas— la próxima vez que tomes la comunión.

→ Conócelo

• **Parte el pan a través de la Palabra de Dios.** El compromiso con la Biblia es una forma esencial en la que Dios se comunica con nosotros. Sin las Escrituras no sabríamos (1) cómo es Dios, (2) su plan para nosotros, (3) cuánto nos ama, (4) la forma correcta de vivir, o (5) cualquier cosa sobre lo que nos ocurrirá después de morir. Para crecer en la gracia, hemos de hacer más que leer casualmente las Escrituras. Es necesario que nos alimentemos de ellas, que las digiramos. Así es como Eugene Peterson, autor de *The Message*, explica el compromiso con la Biblia: «Leerla es un regalo inmenso, pero solo si se asimilan las palabras, se toman en el alma, se comen, se mastican, se roen y se reciben en un deleite sin prisas. Las palabras de los hombres y mujeres muertos desde hace ya largo tiempo, o separados de nosotros por kilómetros y/o años, salen de la página y entran en nuestra vida de un modo nuevo y preciso, transmitiendo verdad, belleza y bondad, palabras que el Espíritu de Dios ha usado y usa para insuflar vida a nuestra alma».[5]

> ✳ **Resuélvelo:** *Al leer versículos y pasajes enteros de las Escrituras, detente periódicamente y ora sobre lo que estás leyendo. ¿Hay alguna promesa que reclamar o algún cambio que hacer en tu vida? Ora por ello. Di por qué esta forma interactiva y relacional de comprometerse con la Palabra de Dios es como «partir el pan» con Jesús.*

• **Parte el pan a través de la alabanza y la adoración.** Dios quiere nuestra adoración. Le agrada, y conecta nuestra vida a su corazón, su poder, su voluntad. Lee Juan 4.1-26 en busca

---

5. Eugene H. Peterson, *Eat This Book* (Grand Rapids, MI: William B. Eerdmans Publishing Company, 2006), pp. 10-11.

de algunas pistas sobre los tipos de adoradores que él busca. (Consejo: Estos versículos hablan sobre creyentes que adoran a Dios en *espíritu* y en *verdad*.) ¿Y qué ofrece Jesús? (Aquí tienes otro indicio: agua viva.) Como la mayoría de los cristianos, nuestra fe puede volverse muy seca en ocasiones. ¡Pero el agua viva que Jesús da puede transformar el alma más desolada y árida en un abundante manantial de vida! Pero te advierto: si no convertimos la adoración en una prioridad, el caminar cristiano será superficial e ineficaz.

* **Resuélvelo:** *¿Cómo describirías tus momentos de adoración, ardientes... o tan muertos como una tumba? ¿Qué puedes hacer para que la adoración sea una experiencia más llena de sentido?*

• **Ora: «Jesús, quiero querer centrarme en ti cuando estoy en la iglesia y durante mis tiempos de estudio personal. Obra en mi corazón; profundiza mi fe».** Pídele a Jesús que prepare tu corazón *antes* de entrar por las puertas de la iglesia.

→ Notas Para El Crecimiento

Una idea clave que he aprendido hoy:

_____

_____

_____

Cómo quiero crecer:

_____

_____

_____

Mi lista de oración:

_____

_____

_____

_____

DÍA 28:

UNA CONVERSACIÓN DE CORAZÓN A CORAZÓN

«Padre, ha llegado la hora. Glorifica a tu Hijo, para que tu Hijo te glorifique a ti, ya que le has conferido autoridad sobre todo mortal para que él les conceda vida eterna a todos los que le has dado. Y ésta es la vida eterna: que te conozcan a ti, el único Dios verdadero, y a Jesucristo, a quien tú has enviado. Yo te he glorificado en la tierra, y he llevado a cabo la obra que me encomendaste. Y ahora, Padre, glorifícame en tu presencia con la gloria que tuve contigo antes de que el mundo existiera».

—Juan 17.1-5

→ Imagínatelo

Jesús ora en el huerto

Es jueves por la noche y, en este punto, Jesús ha acabado de formar a sus discípulos. Durante meses y meses (algunos creen que fueron tres años o más), ha alimentado la fe de ellos y los ha preparado para el servicio en su Reino. Ha reído con ellos, llorado con ellos y, en incontables ocasiones, se ha sentado a la mesa con ellos.

Esta noche, el Señor y sus seguidores están en el Huerto de Getsemaní, en la falda del Monte de los Olivos. Aquí, las sendas rocosas y las arboledas de nudosos olivos ocupan un lugar especial en sus corazones. Es un lugar de encuentro familiar para los discípulos. Y, una vez desaparece el sol en el horizonte, las luces de Jerusalén parecen aparecen en casi todas las direcciones. La vista es casi mística con las parpadeantes linternas de aceite en las ventanas. El aire está impregnado del aroma de los fuegos para cocinar y en la distancia se oye ladrar a los perros y a los niños jugar.

Ha llegado el momento de que Jesús cumpla aquello para lo que nació, y siente pavor por lo que le espera: la tortura y la agonía; un sufrimiento inimaginable cuando todos los pecados y las maldades de la humanidad se carguen sobre él.

«Siéntense aquí mientras oro», indica Jesús. Se lleva a Pedro, Jacobo y Juan por la senda que conduce a la prensa de aceite. Durante la breve caminata, una oscura nube de tristeza y aflicción cae sobre él como una repentina tormenta sobre el lago de Galilea.[1] «Es tal la angustia que me invade que me siento morir —les dijo—. Quédense aquí y vigilen».

Más que cualquier otra oración de la Biblia, esta capta el corazón y los anhelos más profundos de Jesús. Deja que los discípulos (y también nosotros) escuchen a escondidas su conversación más íntima con su Padre.

Jesús ora por sí mismo. Primero, pide ser glorificado... «con la gloria que tuve contigo antes de que el mundo existiera». Jesús no se encuentra aquí bajo los efectos de ninguna droga. Sabe que está a punto de enfrentarse a una agonía mayor que la que cualquier ser humano haya afrontado jamás en la historia del mundo, no solo el dolor de la cruz, que también, sino al sufrimiento y el castigo por todos los pecados del mundo. Durante esas cuantas horas llevará literalmente el peso de todo el mundo sobre sus hombros.

Y sabe otra cosa que le presiona. Es consciente de que puede retroceder y darse por vencido en el momento que quiera. Así que ora pidiendo la fuerza y el valor para soportarlo, para lograrlo. Si lo hace, no hay demostración más perfecta del amor de Dios por nosotros, o de la inmensa gloria de su Hijo.

Jesús ora por los discípulos. A continuación, empieza orando por sus amigos. Primero ruega por la unidad. Es como si ya conociera los centenares de argumentos y luchas que van a acosar a la iglesia, todo desde las guerras sobre las principales doctrinas hasta los sentimientos heridos por el color que deberían tener las cortinas del cuarto de baño de la iglesia.

---

1. Anderson, p. 313.

Luego ora para que, aunque el mundo pueda odiarlos, sus seguidores tengan la «medida completa» de su gozo. Una vez más, Jesús deja claro que el verdadero gozo no depende necesariamente de las circunstancias externas. Procede de la profundidad de nuestra relación con Dios.

Jesús ora pidiendo protección. Finalmente, le pide al Padre que proteja a los discípulos del mundo. Que no los saque del mundo, sino que los proteja mientras estén en él.

«Padre justo, aunque el mundo no te conoce, yo sí te conozco, y éstos reconocen que tú me enviaste. Yo les he dado a conocer quién eres, y seguiré haciéndolo, para que el amor con que me has amado esté en ellos, y yo mismo esté en ellos».

→ Escúchalo

Explora la Palabra: Juan 17.1-26

Dios escucha y responde nuestras oraciones. Pero como demuestra Jesús en el Huerto, debemos ser proactivo. Hemos de abrir la ventana arrodillándonos delante de él en oración. Jesús dice que no tenemos, porque no pedimos. Santiago nos dice que la oración eficaz y ferviente del justo logra mucho. Una y otra vez las Escrituras nos revelan que la oración es una herramienta efectiva.

Dios se deleita en nuestras oraciones. Anhela demostrar su poder en las tremendas pruebas que sacuden el fundamento de nuestra vida, así como en las pequeñas aflicciones que nos incomodan. Las necesidades gigantes nunca son demasiado grandes para su poder; las pequeñas nunca son demasiado insignificantes para su amor.

Dios contesta la oración, porque es el rey supremo de todo. Gobierna tanto los acontecimientos del mundo como nuestra vida individual, dispuesto a actuar en cuanto lo pidamos, a intervenir, a dominar para nuestro bien, para su gloria y para el progreso del evangelio.

Dios se mueve a través de la oración. No solo se nos ha llamado a esta actividad divina (Filipenses 4.6 y 1 Timoteo 2.1-3), sino que la acción de Dios en respuesta a nuestras oraciones está garantizada. Y, como manifiesta claramente 2 Crónicas, si oramos, las promesas de Dios tienen resultado. Él nos ha asegurado que la oración es el camino para asegurarse su ayuda y para mover su mano poderosa. Por tanto, incluso en la enfermedad, en el fracaso, en el rechazo o en los apuros económicos, podemos orar y experimentar su paz. «"Tengan fe en Dios" —respondió Jesús—. "Les aseguro que si alguno le dice a este monte: 'Quítate de ahí y tírate al mar', creyendo, sin abrigar la menor duda de que lo que dice sucederá, lo obtendrá"» (Marcos 11.22-23).

Nuestro Señor Jesús solía escabullirse para estar solo y orar. En su libro *Jesus, Man of Prayer*, Margaret Magdalen escribe: «Jesús necesitaba el silencio de la eternidad como un hombre sediento necesita agua en el desierto… Anhelaba tener un tiempo aparte para disfrutar y bañarse en el amor de su Padre, de empaparse de él y reposar en él. Independientemente de lo agotado que se sintiera, parece que su profunda y silenciosa comunión le refrescaba más que una buena noche de sueño».[2]

→ **CONÓCELO**

• **Ora en los buenos tiempos y en los periodos difíciles.** Nuestro viaje de fe nos conducirá por las muchas condiciones cambiantes del alma. «Tal vez no esperáramos que las cosas fueran a peor antes de mejorar», el catedrático del Seminario de Denver y autor Howard Baker. «Ciertamente no esperábamos que nuestro yo más interno quedara expuesto, nuestros recelos sobre Dios, nuestras dudas, nuestra apatía, nuestra desilusión, nuestra depresión».[3]

✳ **Resuélvelo:** *¿Estás comprometido con la oración? ¿Estás convencido de que el poder de Dios se mueve a través de la oración? (Explica tu respuesta, por favor.)*

---

2. Magdalen, Margaret, *Jesus, Man of Prayer*, (Downers Grove, IL: InterVarsity Press, ©1987), p. X.
3. Howard Baker, *Soul Keeping* (Colorado Springs, CO: NavPress, 1998), p. 59.

• **Ora a través de la Palabra de Dios.** Jesús es nuestra fuente de fuerza y esperanza, pero necesita que nos volvamos hacia él para recibir su amor. Es necesario que seamos un participante activo en esta transformación de la desolación y la desesperanza a la renovación y la luz: no ocurre por sí sola. Una de las formas en que podemos empezar este giro hacia Dios es regresando a su Palabra una y otra vez, día tras día. En ella pronuncia un mensaje elaborado especialmente para cada uno de nosotros. No necesitamos más que abrir las páginas de su libro para descubrir cuál es el mensaje.

✶ **Resuélvelo:** *Di por qué es importante mezclar oración y compromiso bíblico cada día.*

• **Ora: «Señor, desde este día en adelante valoraré mi relación contigo. Y, como cualquier relación que valoro aquí en la tierra, trabajaré para profundizarla y desarrollarla por medio de la oración y el estudio de la Biblia».** Pídele que te enseñe cómo orar.

→ Notas Para El Crecimiento

Una idea clave que he aprendido hoy:

_____

_____

Cómo quiero crecer:

_____

_____

Mi lista de oración:

_____

_____

_____

JESÚS ES EL LIBERTADOR
Y EL REDENTOR

JESÚS ES ARRESTADO

**El traidor les había dado esta contraseña: «Al que
yo le dé un beso, ése es; arréstenlo y llévenselo
bien asegurado». Tan pronto como llegó, Judas
se acercó a Jesús. «¡Rabbí!», le dijo, y lo besó.
Entonces los hombres prendieron a Jesús.**

—Marcos 14.44-46

→ IMAGÍNATELO

Traicionado en Getsemaní

El horror de lo que Jesús está afrontando es tan abrumador
que se tira literalmente al suelo, no una sino varias veces,
suplicándole al Padre que encuentre alguna otra forma.
«Abba, Padre —dice—. Para ti todo es posible. Aparta esta
copa de mí. Pero no se haga mi voluntad, sino la tuya».

Tres veces le suplica al Padre que cancele todo aquello.
No tiene por qué pasar por todo esto. Es inocente; no fue
él quien echó a perder el mundo con el pecado, sino los
seres humanos. Entonces, ¿por qué debería sufrir? Pero, a
pesar de todo, está su amor inmensamente profundo por la
humanidad.

Se desarrolla una batalla tremenda y angustiosa. En
tres ocasiones está el destino del mundo pendiente de un
hilo. Tres veces casi lo anula todo. La lucha es tan intensa y
atroz que los diminutos capilares empiezan a estallar cerca
de la superficie de su piel haciendo que no solo sude agua,
sino también sangre.[1]

¿Y el resultado final?

---

1. Ver Lucas 22.44.

El amor de Jesús es tan grande que decide que entregará su vida por la humanidad. Imagina esto: ¡A Dios le importa más nuestra vida que la suya propia!

De repente, el tiempo de oración de Jesús se interrumpe al llegar Judas con un destacamento de soldados romanos y oficiales de los principales sacerdotes y fariseos. Llevan antorchas, linternas y armas.

Solo para dejar claro que está cooperando bajo su propia autoridad —y no la del hombre—, Jesús anuncia su identidad. «¿A quién buscan?».

«A Jesús de Nazaret», responden.

El poder de esa declaración casi derriba literalmente a todos.[2] (Los mismos hombres que están a punto de arrestar y matar a Jesús se encuentran postrados sobre su rostro delante de él.)

Pedro agarra una espada e intenta repeler a los soldados, pero solo consigue cortarle la oreja derecha al siervo del sumo sacerdote. Jesús le ordena que se detenga y sana al hombre herido en el acto.[3]

El Señor ha venido a hacer la voluntad de nuestro Padre celestial: a salvar y curar, incluso a los que están a punto de matarlo. Jesús se entrega sin luchar, y permanece por completo en control de la situación.

→ ESCÚCHALO

Explora la Palabra: Marcos 14.43-52

Esto es lo que yo (Arnie) he aprendido por medio de mis muchos años en el planeta Tierra: la ciencia y la tecnología no pueden salvarnos ni todo el dinero del mundo puede comprar la entrada de una sola alma al Cielo. Nuestra única esperanza es Jesucristo y el precio que pagó en la cruz... ¡con su propia vida! Depende de ti que creas y aceptes su regalo eterno de la salvación.

---

2. Ver Juan 18.3-6.
3. Ver Lucas 22.50-51.

La relación es la que marca toda la diferencia. De forma más específica, la relación con el único Dios verdadero de la Biblia, no *tu noción* de quien es Dios... sino *el Dios real* que ama incondicionalmente, que es capaz de sanar el alma de forma radical, que perdona por completo... y que ha encontrado una forma de hacernos pasar de muerte a vida.

Pero no te voy a tomar el pelo: Seguir a Cristo no es fácil. El crecimiento espiritual real y duradero implica *movimiento*. Tal vez signifique salir a gatas de ese abismo en el que te encuentras y sacudirte la vergüenza. Estoy bastante seguro de que implicará apartarse de las incontables mentiras con las que te han alimentado sobre la fe, Dios y el crecimiento... y caminar día a día por la senda que está fundada en algo vivo y que respira. Y quiere decir admitir unas cuantas cosas: tus defectos, tus fragilidades, tus frustraciones... algo que puedes hacer sin peligro en esta relación confiada de amor incondicional.

→ Conócelo

• **Abre tus ojos al futuro que Dios te quiere dar.** El Señor te está llamado a poner la vista en la maravillosa vida que tienes por delante. Las personas que lo rechazan se centran en lo que están venciendo. Los seguidores de Cristo se concentran en aquello en lo que se están convirtiendo.

*✳ **Resuélvelo:** ¿En quién te estás convirtiendo en Cristo? ¿Qué te está ayudando a vencer?*

• **Considera el poder de Cristo.** ¿Has pensado alguna vez que Jesús es débil durante esos últimos días? ¡No lo hagas! Es el poderoso Hijo de Dios que está en control de todo el universo. Considera esto:

> ➤ Tiene poder sobre sus enemigos.
> ➤ Tiene poder de entregar su vida y de volverla a recuperar.

- ➢ Tiene poder para derrotar a Satanás.
- ➢ Tiene poder de liberarnos del pecado.
- ➢ Tiene poder de crear y sanar.
- ➢ Tiene poder de transformar la vida de los creyentes.

✳ **Resuélvelo:** *¿Estás dependiendo del poder de Cristo? ¿Crees que tiene poder para transformar tu vida? (¿Qué está bloqueando el cambio?)*

• **Ora: «Jesús, te ruego que me des poder».** Pídele que te libere del pecado que enreda tu vida.

→ Notas Para El Crecimiento

Una idea clave que he aprendido hoy:

_____

_____

_____

Cómo quiero crecer:

_____

_____

_____

Mi lista de oración:

_____

_____

_____

DÍA 30:

LA VERDAD EN EL JUICIO

...el sumo sacerdote insistió:
«Te ordeno en el nombre del Dios viviente que nos digas
si eres el Cristo, el Hijo de Dios».
«Tú lo has dicho —respondió Jesús—. Pero yo les
digo a todos: De ahora en adelante verán ustedes
al Hijo del hombre sentado a la derecha del
Todopoderoso, y viniendo en las nubes del cielo».
—Mateo 26.63-64

→ IMAGÍNATELO

Delante del tribunal judío de ancianos

Está a punto de amanecer y Jesús ha sido conducido ante
el Sanedrín (los líderes religiosos poderosos). El sumo sacerdote Caifás ni siquiera finge celebrar un juicio justo y
tampoco disimula su odio por el Señor. Está arañando con
desesperación la más diminuta prueba contra Jesús para
poder mandar que lo ejecuten. Pero hasta el momento no
consigue encontrar ninguna.

«Socializa con pecadores y publicanos», grita alguien a la
multitud que se ha reunido en el palacio de Caifás. El sumo
sacerdote mira fijamente como descartando la acusación.

«Quebranta la ley del día de reposo», interrumpe otro.

Y otro más añade: «Afirma que puede perdonar pecados».

«Tomamos nota. Tomamos nota. ¡Tomamos nota!»;
Caifás levanta la voz en burla procesal. «Lo hemos oído con
anterioridad, y nada de esto justifica la ejecución. ¿Quién
trae contra el demandado un testimonio en cuanto a un
crimen capital, una ofensa que merezca la muerte?».[1]

---

1. Ver Wangerin, p. 791.

De repente, algunos de los que están en la sala se levantan y dan falso testimonio contra Jesús: «Le oímos decir "Yo destruiré este templo hecho por hombres y en tres días edificaré otro no construido por el hombre"». Pero ni en ese momento concuerda el testimonio de ellos.[2]

El sumo sacerdote se pone en pie y mira fijamente a Jesús. «¿No vas a responder?», brama. «¿Qué es este testimonio que estos hombres presentan contra ti?».

Jesús permanece en silencio.

Caifás se va impacientando más: «Dinos si eres el Cristo, el Hijo de Dios».

Jesús responde por fin: «Tú lo has dicho».

El sacerdote rasga sus vestiduras y acusa a Jesús de blasfemia. Los demás oficiales concuerdan: «Merece la muerte».

Le escupen a la cara y lo golpean con el puño.

→ Escúchalo

Explora la Palabra: Mateo 26.57—27.10

Imagina lo solo que debió de sentirse Jesús. Sus amigos dudaron de él y hasta lo traicionaron; el pueblo mismo al que vino a salvar le escupe a la cara. A nadie se le ocurrió aquella fría mañana que las afirmaciones de Cristo pudieran ser verdad. Aunque habían visto y presenciado sus milagros —y a pesar de que se habían maravillado de sus enseñanzas— los que juzgaron a Jesús estaban espiritualmente ciegos. Se negaron a ver la verdad.

A pesar de ello, dos actos consoladores emergen de la escena hostil de hoy:

Jesús es quien afirma ser. Por tanto, debemos reconocer que es Señor y darle la gloria y la honra que merece. Hebreos 1.3 nos dice: «El Hijo es el resplandor de la gloria de Dios, la fiel imagen de lo que él es, y el que sostiene todas las cosas con su palabra poderosa». Y Jesús dice: «Si me has visto a mí, has visto al Padre».

Jesús demuestra que nos ama a rabiar. Él nos ama a pesar de nuestro corazón confuso. Nos ama cuando agitamos

---

2. Ver Juan 14.57-59.

el puño contra él y le escupimos en la cara. Nos ama a pesar de todo.

Nos ama tanto que *sufre* cuando *nosotros* sufrimos.

El amor de Dios es algo que nadie puede comprender por completo. Y, por ello, perdona nuestro pecado por medio de Jesucristo y, por gracia, nos trae de nuevo a la comunión con él. Abandonar a sus hijos no santos e imperfectos es impensable para Dios, del mismo modo que era inaudito para el padre del hijo pródigo.

Este amor radical fue lo que lo llevó a la cruz.

→ Conócelo

• **Teme al Señor y honra su santo nombre.** Existe una razón por la que los seguidores de Cristo se encogen cuando el mundo usa el nombre del Señor en vano. Según las Escrituras, «El temor del Señor es el principio de la sabiduría» (Proverbios 9.10). Juan cayó a tierra cuando Dios le habló (Apocalipsis 1.17); Pablo fue derribado cuando se encontró con Jesús en el camino de Damasco (Hechos 9.4); Moisés tembló cuando Dios le habló (Hechos 7.32). Ahora contrasta estos actos de reverencia con la odiosa conducta de Caifás, del sanedrín y de los guardas romanos (¿Sigues encogiéndote?)

> ✳ **Resuélvelo:** *Considera cómo tu propia desobediencia es como una «bofetada en el rostro» de nuestro Santo Señor. ¿Qué debemos hacer todos para alimentar una relación correcta con Jesús?*

• **Recuerda: Dios es fiel.** En el momento perfecto del Señor él da un nuevo comienzo a las personas que tan fácilmente le dan la espalda; hijos rebeldes que quebrantan promesas; generaciones que saben bastante de desobediencia... personas como tú y yo. Si el estudio de hoy no te ha convencido, ve al libro de Jueces para pruebas adicionales. Está lleno de instantáneas de pura *rebeldía* no censuradas y de la divina liberación por la gracia de Dios. «Entonces los hijos de Israel hicieron lo malo ante los ojos del Señor y sirvieron a los baales» (Jueces

2.11). Sigue leyendo el capítulo dos y descubrirás que, a pesar de la flagrante infidelidad de la humanidad, *Dios es fiel.* Moldea y disciplina a sus hijos. Muestra un amor persistente, inagotable y gracia sin igual; una gracia absolutamente inmerecida. «Entonces el Señor levantó jueces que los libraron de la mano de los que los saqueaban» (Jueces 2.16).

> ✳ **Resuélvelo:** *Enumera algunas de las formas en que el Señor ha sido fiel en tu vida. ¿Hubo un tiempo en el que su perdón pareció demasiado bueno para ser verdad; algo que te costó creer y aceptar? (Explica tu respuesta.)*

• **Ora: «Señor Jesús, sabemos que podemos hallar consuelo porque nunca nos darás la espalda».** Pídele a Jesús que te muestre cómo apoyarte en una vieja verdad familiar: «Estad quietos, y sabed que yo soy Dios; exaltado seré entre las naciones, exaltado seré en la tierra. El Señor de los ejércitos está con nosotros; nuestro baluarte es el Dios de Jacob» (Salmos 46.10-11).

→ Notas Para El Crecimiento

Una idea clave que he aprendido hoy:

_____

_____

_____

Cómo quiero crecer:

_____

_____

_____

Mi lista de oración:

_____

_____

_____

_____

DÍA 31:

ESPINAS, CLAVOS Y UNA CRUZ

«Aquí tienen a su rey», dijo Pilato a los judíos.
«¡Fuera! ¡Fuera! ¡Crucifícalo!», vociferaron.
«¿Acaso voy a crucificar a su rey?», replicó Pilato.
«No tenemos más rey que el emperador romano»,
contestaron los jefes de los sacerdotes. Entonces
Pilato se lo entregó para que lo crucificaran.
—Juan 19.14-16

→ Imagínatelo

Jesús es sentenciado para ser crucificado

Como Israel está ocupado por los romanos, los judíos no tienen voz ni voto sobre quien vive o quien muere. De modo que han llevado a Jesús al pretorio (el cuartel general del gobernador) y se lo han entregado al romano que está a cargo, Poncio Pilato. Los judíos —que odian pagar impuestos a los romanos y que, con renuencia, reconocen a Tiberio Cesar como rey— no entrarán en el edificio; por tanto, los acusadores están todos afuera.

Pilato está nervioso.

Hace poco, su esposa tuvo un sueño perturbador y le advirtió: «No te metas con ese justo, pues por causa de él, hoy he sufrido mucho en un sueño».[1]

Y, para empeorarlo todo, Jesús no es un hombre fácil de interrogar. Dentro del pretorio, el gobernador está en su lugar habitual —la Silla de Juicio—, pero no deja de moverse y se siente incómodo en su asiento.[2]

Jesús está de pie delante de él. Callado.

---

1. Mateo 27.19.
2. Templeton, p. 179.

Pilato traga saliva y le pregunta a bocajarro: «¿Eres tú el rey de los judíos?».

«¿Eres tú quien me lo pregunta —replica Jesús— o te han sugerido otros que me lo preguntes?». La respuesta del Señor no es una distracción. Jesús está preguntando si Pilato le interroga desde un punto de vista judío —en cuyo caso la respuesta sería «sí»— o desde la perspectiva romana, en cuyo caso la respuesta sería «no».[3]

«¿Por quién me tomas?», responde Pilato. «¿Acaso soy yo judío? Tus principales sacerdotes y tu propio pueblo te han arrestado y te han traído delante de mí. La pregunta es... ¿por qué? ¿Cuál es tu crimen?».

«¿*Eres*, pues, rey?».

«Exactamente como lo dices; lo soy. Por esa razón nací. Por eso vine al mundo, para ser testigo de la verdad. Y todo el que esté del lado de la verdad presta atención a lo que digo».

Es una repuesta que provoca en Pilato un silencioso suspiro de alivio. Con todo, no puede evitar sentirse asombrado ante la poderosa presencia y sensación de autoridad que rezuma de un prisionero bajo semejante presión.[4]

«La verdad —dice el gobernador poniéndose de pie—; ¿cuál es la verdad?». A continuación se da la vuelta y se dirige al exterior para dirigirse al Sanedrín y a la multitud que aguarda con ellos.

Conforme se va haciendo de día, Jesús es llevado desde el pretorio, al noreste de Jerusalén, al palacio de Herodes, en el lado occidental de la ciudad... y de vuelta a Pilato. El gobernador no halla a Jesús culpable de nada, ni de blasfemia religiosa, ni de pervertir al pueblo, ni siquiera de traición política como afirma el Sanedrín. Quiere lavarse las manos en toda esa terrible experiencia y había esperado poder escapar al conflicto enviando a Jesús al otro lado de la ciudad. Después de todo, el Hombre que algunos creen ser el Cristo es de Galilea, y es jurisdicción de Herodes Antipas.

Pero le sale el tiro por la culata.

De nuevo Pilato se encuentra cara a cara con Jesús. Esta vez, el Señor está vestido con una elegante túnica púrpura,

---

3. Anderson, pp. 328-329.
4. Anderson, pp. 328-329.

el impresionante ropaje de un rey. (Es la pequeña broma de Herodes.) Ahora, el gobernador tiene la certeza de que los principales sacerdotes han llevado a Jesús ante él por envidia. Pero con el rugir de la multitud haciéndose cada vez mayor —«¡Crucifícalo!»— y la presión que aumenta por parte del Sanedrín, Pilato cede. Toma una palangana de agua y se lava las manos en público. «Soy inocente de la sangre de este hombre —declara—. ¡Es responsabilidad de ustedes!».

Por fin, la hora ha llegado.

El Cordero de Dios está a punto de morir ante los ojos del mundo, pero, antes, los soldados romanos deciden tener una horripilante «diversión» con él.[5]

Azotan a Jesús con un látigo de múltiples tiras de cuero en cuya terminación hay un gancho de hueso angular, o en forma de cubo de afiladas aristas. Después de que sus captores hayan tejido una corona de espino, con espinas de unos dos centímetros y medio de largas y tan afiladas como agujas de coser, un soldado se la clava a Jesús en la cabeza. Otro envuelve una capa púrpura alrededor de su cuerpo que ahora es como una gran herida abierta. La multitud se burla de Jesús diciendo: «¡Salve, rey de los judíos!».

Como insulto final, empiezan a escupirle y a golpearlo. Los soldados hasta se permiten un pequeño juego con nuestro Señor, exigiendo que profetice quién será el siguiente en golpearlo, mientras le dan puñetazos en el rostro una y otra, y otra, vez.

Una vez llegan al Gólgota (que significa Lugar de la Calavera),[6] los que se reúnen alrededor de la cruz son testigos del odio elevado a la máxima potencia y del amor hasta lo sumo. Las personas odian tanto a Cristo que lo ejecutan; Dios los ama tanto, que les da vida.[7]

Clavos de hierro traspasan por completo cada mano y pie de Cristo. Lo desnudan y lo alzan en alto para que todos vean y se burlen, mientras él cuelga durante horas bajo el intenso sol de Oriente Medio. Jesús acaba tan exhausto que, por mucho que lo intenta, no logra mantener su cuerpo

5. *Ibíd.*, p. 329.
6. Ver Mateo 27.33.
7. Dra. Henrietta C. Mears, *What the Bible Is All About*, (Ventura, CA: Regal, ©1998), p. 435.

sobre sus pies horadados. Empieza a colgar de sus manos destrozadas, y su peso va tirando lentamente de sus brazos y hombros hasta sacarlos de su cavidad.

Lucha por transferir la carga de nuevo a sus pies, pero el agotamiento lo vence hasta que, finalmente, cuelga por completo de sus brazos. Y fue en ese momento cuando su cuerpo empezó a desplomarse poco a poco hasta que sus pulmones no pudieron tener aire suficiente.

Y, allí, bajo el calor abrasador —con su cuerpo ya hinchado y sangrante por los latigazos y los golpes en el rostro, con los clavos traspasándole las manos y los pies, con los huesos saliendo de sus cavidades— Jesús empieza con lentitud a asfixiarse hasta la muerte.

Las palabras profetizadas siglos antes se cumplieron: «Él fue traspasado por nuestras rebeliones, y molido por nuestras iniquidades; sobre él recayó el castigo, precio de nuestra paz, y gracias a sus heridas fuimos sanados. Todos andábamos perdidos, como ovejas; cada uno seguía su propio camino, pero el Señor hizo recaer sobre él la iniquidad de todos nosotros».[8]

→ Escúchalo

Lee Juan 19.1-27

¡Escenas desagradables! Son lo bastante duras de escribir, por no hablar de leerlas y reflexionar en ellas.

¿Recuerdas lo que ocurrió cuando empezaron a apretarle las tuercas a Pilato? Los líderes religiosos etiquetaron a Jesús de amenaza para el país: «Si dejas en libertad a este hombre, no eres amigo del emperador. Cualquiera que pretende ser rey se hace su enemigo».[9] Era hipocresía en su mejor manifestación, o más bien *peor*. A ninguno de aquellos líderes judíos les importaba lo más mínimo lo que pensara el César.

Lamentablemente, existen momentos en la mayoría de nuestras vidas en las que cada uno de nosotros se vende a

8. Isaías 53.5-6.
9. Juan 19.12.

algo, por lo general en contra nuestro mejor juicio. A veces optamos por lo que es popular o lo que podría hacer progresar un deseo egoísta... a expensas de la verdad. Tal vez sea una empedernida negación de lo que es correcto, como observamos con anterioridad en Pedro. O quizá se trate de seguir a la multitud cuando sabemos que están haciendo una elección incorrecta, como acabamos de ver en Pilato. Cualquiera que sea el caso, la mayoría de nosotros hemos actuado así.

Con frecuencia es una cuestión de *verdad* frente a *popularidad*.

Es una postura difícil. Pero como veremos en el caso de Pedro, es un dilema con el que Jesús nos ayudará constantemente. Es una posición en la que nos encontraremos y en la que él nos dará una oportunidad tras otra para hacer lo correcto.

→ Conócelo

• **Dios mira favorablemente a los que fijan su mente en hacer lo correcto y no en lo que es popular.** A pesar de ello, como indica el escritor Henry T. Blackaby, el mundo no siempre aplaudirá nuestros esfuerzos por vivir del lado de la verdad: «En ocasiones, Dios será el único testigo de nuestra conducta correcta. A veces, Dios es el único que entenderá tus motivos. Algunas veces lo único que puedes hacer es mantener tu integridad, confiando en que Dios siempre tiene sus ojos puestos en ti».[10]

> ✳ **Resuélvelo:** *¿Qué pecados están nublando tu juicio? Describe un momento en el que te hayas vendido a algo popular (o aparentemente enriquecedor)... en lugar de hacer lo correcto.*

• **Una relación en estrecha comunicación con Jesús es la única forma de vivir.** Al permanecer en él, él vive a través de nosotros. Esta relación es dinámica, real y personal. Es

---

10. Blackaby, Henry T. y Richard, *Experiencing God Day-By-Day* (Nashville, TN: Broadman & Holman Publishers, © 1998), p. 184.

una invitación a una forma santa de vivir. Jesús tenía una relación íntima con el Padre y pretende que nosotros sepamos que podemos ser uno en y con él. Es la gran invitación para ser un pueblo santo, no por nuestros esfuerzos, capacidades o energías, sino muriendo a uno mismo, para que él pueda vivir en nosotros minuto a minuto. Sin él en este momento, solo permanece la oscuridad.

✷ **Resuélvelo:** *Describe de formas muy prácticas cómo puede «permanecer» exactamente un cristiano en Jesús. ¿Qué me dices del «tira y afloja» interno entre el pecado y la vida santa? ¿Cómo podemos derrotar la tentación?*

• **Ora:** «Señor Jesús, tú eres Dios. Te amo y quiero servirte». Pídele que te ayude a vivir en la verdad. Ruégale que te dé fuerza cuando te sientas tentado a transigir o ceder a lo popular y no a lo correcto.

→ NOTAS PARA EL CRECIMIENTO

Una idea clave que he aprendido hoy:

_____
_____
_____

Cómo quiero crecer:

_____
_____
_____

Mi lista de oración:

_____
_____
_____

DÍA 32:

LOS CRIMINALES Y EL REY

Y llevaban también a otros dos, que eran malhechores,
para ser muertos con Él. Cuando llegaron al
lugar llamado «La Calavera», crucificaron allí a
Jesús y a los malhechores, uno a la derecha y otro
a la izquierda. Y Jesús decía: Padre, perdónalos,
porque no saben lo que hacen. Y echaron
suertes, repartiéndose entre sí sus vestidos.
—Lucas 23.32-34

→ IMAGÍNATELO

El Paraíso perdido... y encontrado

Las toscas cruces de madera se erigen brutalmente sobre
la desolada colina. El cielo cada vez más oscuro cubre a la
variopinta multitud, pintando un ominoso telón de fondo
al rocoso y árido paisaje.

Jesús cuelga de una cruz, con un criminal a cada lado.

La gente que pasa por el camino insultan meneando la cabeza en un lamento burlón: «Te jactaste de poder derrumbar el templo y reconstruirlo en tres días, así que ¡muéstranos lo que eres capaz de hacer! ¡Sálvate a ti mismo! Si de verdad eres Hijo de Dios, baja de esa cruz».[1]

Del mismo modo, los principales sacerdotes, los maestros de la ley y los ancianos se mofan de él: «Salvó a otros —decían—, ¡pero no puede salvarse a sí mismo! ¡Y es el Rey de Israel! Que baje ahora de la cruz y así creeremos en él. Él confía en Dios; pues que lo libre Dios ahora, si de veras lo quiere. ¿Acaso no dijo: "Yo soy el Hijo de Dios"?».[2]

---

1. Ver Mateo 27.39-40 versión *The Message* [trad. lit.].
2. Ver Mateo 27.41-43.

Hasta uno de los criminales crucificado junto al Señor se une a la burla. «¿No eres tú el Cristo?», pregunta con voz ronca y resollando con dificultad. Jadea en busca de aire, estremeciéndose bajo el peso aplastante sobre su pecho. «Sálvate a ti mismo y a nosotros... si es que puedes».

Sabe que la muerte es inminente.

La sangre pegajosa que corre de las palmas de sus manos y el fluido de su garganta sirven de recordatorios constantes. El sudor gotea de su nariz. Los ojos, como los de un loco, se le quedan en blanco y, sin embargo, reúne el odio suficiente para centrarlo en el hombre que cuelga junto a él. «Hasta un hijo del diablo llamaría a los demonios para que lo salvaran —dice—. Pero tú... no eres... nada».

«¡Basta ya! —le espeta el otro criminal—. ¡Incluso frente a la muerte eres un necio!». El hombre lucha por recobrar el aliento. «¿No lo entiendes? ¿Acaso no temes a Dios? Nosotros somos castigados justamente, porque estamos recibiendo lo que nuestros hechos merecen. Pero este hombre no ha hecho ningún mal».

Al mirar el segundo criminal a Jesús, las lágrimas empiezan a rodar por sus mejillas.

Un nuevo peso ha hecho presión sobre él, y se va haciendo más pesado a medida que el día se va acabando. Cuanto más cerca está de su final, con mayor rapidez fluye la visión: víctimas, objetivos, inocentes. Sus rostros lo obsesionan ahora, añadiendo cada uno de ellos una piedra invisible al aplastante peso del remordimiento. Sin embargo, por atormentado que se sienta, de alguna manera siente que sobre Jesús recae un peso aún mayor. Ha oído historias sobre él, sobre curaciones y milagros. ¿Acaso no había defendido a los marginados? Sin lugar a duda, no debería de estar allí, muriendo entre dos transgresores notables.

¿De verdad es el Cristo? ¿Está realmente Dios aquí, junto a él, perdonando el pecado?

«Jesús —solloza con desesperación—, ¡acuérdate de mí cuando vengas en tu reino!». Su cuerpo se desploma hacia delante del esfuerzo, y siente cómo los clavos pinchan y desgarran su carne.

La respiración de Jesús también es fatigosa, pero su respuesta es clara: «De cierto te digo que hoy estarás conmigo en el paraíso».[3]

→ Escúchalo

Explora la Palabra: Lucas 23.32–43

Imagina cuán profundamente debieron resonar las palabras de perdón de Cristo en el alma de aquel hombre. Un amor que nunca antes había conocido le llenó y lo limpió.

Nosotros también merecemos morir por nuestros pecados. A pesar de ello, ¿cuántas veces somos como el primer malhechor? Hacemos algo malo y nos encontramos afrontando las consecuencias. Queremos que Jesús demuestre quién es, que nos salve de la situación en la que estamos metidos. Queremos que nos baje de la cruz, pero no queremos admitir que merecemos estar allí. A veces incluso arremetemos contra Jesús por la «injusticia» que sentimos.

Pero, como el segundo malhechor, algunos de nosotros elegimos reconocer nuestro pecado, confesar que Jesús es Señor y recibir el don de la vida eterna. Su historia es un hermoso ejemplo del poder de la confesión. Dejando a un lado el orgullo, rebelándose contra la vergüenza, se sometió a la autoridad de Cristo.

Así como este criminal se encuentra con su final en paz y, ciertamente, más poderoso que la muerte, nosotros también podemos afrontar nuestras circunstancias con fuerza, libertad y dirección del Espíritu de Dios.[4] Solo cuando hagamos una confesión semejante oiremos esas apasionantes palabras de los labios de Jesús: «... estarás conmigo en el paraíso» (*cf.* Lucas 23.43).[5]

---

3. Esta historia está adaptada de la obra de Jeremy V. Jones, Greg Asimakoupoulos y Michael Ross, *Tribe: A Warrior's Calling* (Colorado Springs, CO: Focus on the Family, 2006), pp. 129-131.
4. Jones, Asimakoupoulos, Ross, *ibíd.*, p. 133.
5. Rvdo. Dirk R. Buursma, *Daylight Devotional BIble* (Grand Rapids, MI: Zondervan, 1988), p. 1122.

→ Conócelo

• **Deshazte del orgullo.** Aunque nadie ha escapado a la garra del orgullo, no muchos están dispuestos a admitir libremente que son culpables de este pecado. Algunos confesarán otros vicios —un mal carácter, la lucha contra la lujuria, una adicción—, pero, de algún modo, con frecuencia se suele pasar por alto el problema del orgullo. Por otra parte, C. S. Lewis nos desafía a tomarnos muy en serio el orgullo. «El vicio esencial, el mal supremo, es el orgullo. La falta de castidad, el enojo, la avaricia, la borrachera y todo eso no son más que pequeñas minucias en comparación con él: fue por medio del orgullo que el diablo se convirtió en el diablo. El orgullo conduce a todos los demás vicios: es, por completo, el estado de ánimo antidios».[6]

✳ *Resuélvelo: C. S. Lewis describe el orgullo como el «cáncer espiritual». ¿Has sido infectado tú —o alguien que conozcas— por él? (Describe lo que observas y cómo te sientes.) ¿Te ha bloqueado la presencia del orgullo en tu vida de acercarte más a Dios?*

• **Acepta la invitación de Jesús a una vida transformada... ¡para toda la eternidad!** Reflexiona en estas palabras vivificantes del apóstol Pablo (Colosenses 1.21-23): «En otro tiempo ustedes, por su actitud y sus malas acciones, estaban alejados de Dios y eran sus enemigos. Pero ahora Dios, a fin de presentarlos santos, intachables e irreprochables delante de él, los ha reconciliado en el cuerpo mortal de Cristo mediante su muerte, con tal de que se mantengan firmes en la fe, bien cimentados y estables, sin abandonar la esperanza que ofrece el evangelio. Éste es el evangelio que ustedes oyeron y que ha sido proclamado en toda la creación debajo del cielo, y del que yo, Pablo, he llegado a ser servidor».

✳ *Resuélvelo: ¿Has sido genuino con Jesús y le has permitido que te limpie y te libere del pecado? (Lee 1 Juan*

---

6. Lewis, C. S., *Mere Christianity* (Nueva York, NY: HarperCollins, © 2001), pp. 121-122.

1.9 y explica cómo transforma esto la vida cristiana... y nos ayuda a crecer espiritualmente.)

• **Ora: «Señor Jesús, te confieso hoy mi pecado. Te ruego que me perdones, me purifiques y me ayudes a estar más cerca de ti».** Gracias a Dios que él es fiel incluso cuando nosotros no lo somos. Pídele que te perdone y que te ayude a cambiar tus acciones para que puedas vivir de una forma que sea agradable para él.

→ Notas Para El Crecimiento

Una idea clave que he aprendido hoy:

_____

_____

_____

Cómo quiero crecer:

_____

_____

_____

Mi lista de oración:

_____

_____

_____

DÍA 33:

«¿POR QUÉ ME HAS ABANDONADO?»

Cuando llegó la hora sexta, hubo oscuridad sobre toda la tierra hasta la hora novena. Y a la hora novena Jesús exclamó con fuerte voz: «Eloi, Eloi, ¿Lema Sabactani?», que traducido significa, «Dios mío, Dios mío, ¿por qué me has abandonado?».
—Marcos 15.33-34

→ IMAGÍNATELO

La muerte de Jesús

Oscuridad. Silencio. El mundo se queda en silencio durante tres largas horas.

A los pies de la cruz, algunos oyen el grito de Jesús y dicen: «Está llamando a Elías». (Tal vez «Eloi, Eloi» suena como «Elías, Elías».)

Uno de los soldados corre y empapa una esponja de vino agrio, la pincha en el palo de una planta de hisopo y la levanta para que Jesús pueda beber.

Otro dice: «Déjenlo solo. A ver si Elías viene y lo baja». ¿Sarcasmo? Probablemente. Aunque puede haber un anhelo profundamente arraigado en el corazón de ese hombre por un milagro: la esperanza de un rescate sobrenatural.

En realidad, ese rescate está ocurriendo para toda la humanidad. Juan el Bautista lo captó correctamente cuando describió a Jesús como «¡el Cordero de Dios que quita el pecado del mundo!».[1] En ese mismo momento, Dios está

---

1. Juan 1.29.

poniendo todo el pecado humano sobre Jesús, y la última de las profecías antiguas se está cumpliendo.

Jesús siente literalmente el tormento físico y la agonía espiritual de todo el planeta; de cada generación pasada, presente y futura. Con todo, a pesar de las palabras de desesperación del Señor bajo la persecución y el rechazo divino —Dios Padre tiene que volverle la espalda al pecado y, por tanto, a su Hijo—, Jesús se aferra a la victoria de Salmos 22.30-31: «La posteridad le servirá; del Señor se hablará a las generaciones futuras. A un pueblo que aún no ha nacido se le dirá que Dios hizo justicia».

«Consumado es —jadea—. Padre, en tus manos encomiendo mi espíritu».[2]

Su cuerpo se desploma completamente hacia delante y su cabeza se hunde entre las alas de sus brazos levantados.[3] Su largo y húmedo cabello cae sobre su cabeza como una cortina.[4] Toma su último aliento y muere.

En ese momento, un terremoto hace retumbar el suelo y la pesada cortina del templo que oculta la entrada al Lugar Santísimo se raja en dos, de arriba abajo. Las rocas se rompen en pedazos. Las tumbas se abren y muchos cuerpos de creyentes dormidos en sus sepulturas resucitan. (Tras la resurrección de Jesús, abandonan las tumbas, entran a la ciudad santa y se aparecen a muchos.)

Al ver el terremoto y todo lo demás que está sucediendo, el capitán de la guardia y los que lo acompañan están muertos de miedo. Dicen: «¡Este tiene que ser el Hijo de Dios!».[5]

→ Escúchalo

Lee Marcos 15.33-41

Durante aquellas horas, los espectadores presenciaron mucho más que el cumplimiento de la profecía. La naturaleza

---

2. Ver Lucas 23.46.
3. Wangerin, p. 809.
4. *Ibíd.*
5. Ver Mateo 27.45-54, versión *The Message* [trad. lit.].

misma empezó a gritar y retorcerse por lo que la humanidad le estaba haciendo a su Creador. Y el capitán tenía razón. La barrera entre lo creado y el Creador se destruyó, se desgarró en dos. El pago de Jesús en la cruz hacía ahora posible que cualquiera que fuera lo bastante puro estuviera en la presencia de Dios.

Dios había pagado por la desobediencia del mundo. El sacrificio, la sustitución de nuestro castigo estaba completo. Fuimos librados de la amenaza mortal que se burló de Adán y Eva, y de todo ser humano desde ellos en adelante.

Satanás había perdido. ¡La guerra con el pecado había acabado!

Ahora dependía sencillamente de cada hombre, mujer y niño el dar un paso adelante y afirmar la victoria que ya se había ganado.

Ahora es el momento de contraatacar.

Jesús dijo en una ocasión: «Así es la guerra y no hay terreno neutral. Si no están ustedes de mi parte, son el enemigo; si no están ayudando, están empeorando las cosas».[6]

¿Cuál es tu postura?

→ CONÓCELO

• **Aceptar que tenemos una naturaleza pecaminosa puede ayudarnos a permanecer humildes y relacionados con el Salvador.** Echa un vistazo a las observaciones de Charles Haddon Spurgeon sobre el estado desesperado del corazón humano... y el toque perdonador y sanador de Dios:

¡Qué masa de espantosa enfermedad debió de haber visto Jesús! A pesar de ello, no se sintió asqueado, sino que la sanó toda pacientemente. ¡Qué variedad de males debió de haber visto! ¡Qué úlceras repugnantes y qué llagas enconadas! A pesar de ello, estaba preparado para todo tipo de mal y lo venció de todas las formas... En cada rincón de ese ámbito triunfó sobre el mal y recibió honra de los cautivos liberados. Vino, vio y venció por todas partes. Cualquiera

---

6. Jesús, Lucas 11.23, versión *The Message* [trad. lit.].

que pueda ser mi problema, el Médico amado puede sanarme. Cualquiera que sea el estado de otros a los que recuerdo en oración, tengo esperanza en Jesús de que serán curados. Mi hijo, mi amigo o mi ser más querido; tengo esperanza por todos y cada uno de ellos cuando recuerdo el poder sanador de mi Señor. En mi propia situación, por grave que sea mi lucha con el pecado y las dolencias, yo también puedo tener ánimo. El que recorrió los hospitales en la tierra sigue dispensando su gracia y obra maravillas entre sus hijos. Voy a él con fervor.[7]

✳ **Resuélvelo:** *¿De qué manera quieres que Jesús te sane? ¿Crees que él puede hacerlo? (Explica.)*

• **Si todos están quebrantados, ¿por qué solo lo admiten unos cuantos?** Esta es una pregunta en la que merece la pena reflexionar. La verdad es que Dios no espera que lo tengamos todo bajo control; estar quebrantado está bien. El Señor es nuestro Sanador. Puede realizar en nosotros aquello de lo que no somos capaces solos. Limpiará toda la basura que nos hunde: nuestro orgullo, nuestra vergüenza, nuestra voluntad obcecada... nuestra tendencia, como escribe Pablo, a hacer «lo que no quiero».

✳ **Resuélvelo:** *¿Qué tipo de «basura interna» te está hundiendo? (Sé sincero.)*

• **Ora:** «Señor, en la Biblia me has prometido una vía de escape de la tentación para que pueda resistirla. Te ruego que me muestres ese camino ahora». Pídele a Jesús que te dé claros pasos que puedas empezar a dar y que te ayudarán a liberarte de las repetidas luchas a las que te enfrentas.

---

7. Charles Haddon Spurgeon, citado en *The Book of Jesus* por Calvin Miller (Nueva York, NY: Simon & Schuster, © 1996), pp. 51-52.

→ Notas Para El Crecimiento

Una idea clave que he aprendido hoy:

_____

_____

_____

Cómo quiero crecer:

_____

_____

_____

Mi lista de oración:

_____

_____

_____

RESUCITADO DE LOS MUERTOS

El ángel dijo a las mujeres: «No tengan miedo; sé
que ustedes buscan a Jesús, el que fue crucificado.
No está aquí, pues ha resucitado, tal como dijo.
Vengan a ver el lugar donde lo pusieron. Luego
vayan pronto a decirles a sus discípulos: "Él se ha
levantado de entre los muertos y va delante de ustedes
a Galilea. Allí lo verán". Ahora ya lo saben».
—Mateo 28.5-7

→ Imagínatelo

La tumba vacía

El domingo por la mañana temprano, justo antes de amanecer, María Magdalena, María la madre de Jacobo y Sa-
lomé se dirigen a la tumba, con el corazón roto y con un
torbellino de preguntas en la mente. Han venido a ungir
el cuerpo de Jesús con más especias, pero al entrar en el
jardín donde estaba la tumba, reciben la mayor impresión
de su vida: De repente, la tierra se balancea y las rocas se
estremecen bajo sus pies cuando el ángel de Dios desciende
del cielo, hasta el lugar donde ellas están de pie. Rueda la
piedra y se sienta sobre ella. Rayos de luces salen de él. Sus
vestiduras son blancas y relucientes como la nieve.[1]

Los guardas están tendidos en el suelo como muertos
y la piedra ha sido removida (ver Mateo 28.1-11; Lucas
24.10).

Los ángeles parecen brillar cada vez más, como relám-
pagos blancos. Las mujeres ya han tenido bastante para estar sobresaltadas durante todo el día, pero la presencia de

---

1. Ver Mateo 28.1-4, versión *The Message* [trad. lit.].

este ser celestial es, hasta el momento, lo más aterrador.[2] Y el resplandor del ángel es demasiado para ellas, de modo que miran al suelo y se protegen los ojos.

«No tengan miedo —las tranquiliza el ángel—. No hay de qué sorprenderse. Están aquí buscando a Jesús, ¿pero por qué buscan en una tumba a quien está vivo? ¡No está aquí, está vivo! ¿No recuerdan que, estando en Galilea, les dijo que sería arrestado, crucificado y que resucitaría de la tumba al tercer día?».

«Vengan y vean el lugar donde yació —prosigue el ángel—. Luego apresúrense y díganle a sus discípulos: "Ha resucitado de los muertos y va delante de ustedes a Galilea. Allí lo verán". Ahora ya se lo saben».

Las mujeres, profundamente maravilladas y llenas de gozo no pierden tiempo y abandonan la tumba. Corren a darles las nuevas a los discípulos, pero Jesús se reúne con ellas por el camino y las detiene. «Saludos», les dice.

Ellas caen de rodillas, agarran los pies de él y le adoran.

«No tengan miedo —las tranquiliza Jesús—. Vayan y díganles a mis hermanos que vayan a Galilea; allí me verán».

Mientras tanto, los guardas se dispersan. Unos cuantos de ellos corren a los principales sacerdotes con la historia increíble de un terremoto en la tumba y un ángel que apartó la pesada piedra. ¿Qué hacen estos sacerdotes? Sobornan a los soldados par que mientan. «Díganles a todos que se quedaron dormidos y que aquellos discípulos robaron el cuerpo. ¡Sobre todo, no mencionen para nada el terremoto ni al ángel!».

→ **ESCÚCHALO**

Lee Mateo 28.1-15

La resurrección era la prueba, el sello de autenticidad de que Jesús es quien afirmaba ser: el Hijo de Dios, el Mesías, el Salvador... ¡el Rey!

Y esto es lo que nos debería hacer saltar a todos de gozo: Jesús destruyó el poder de la muerte y nos ha dado

---

2. Anderson, p. 350.

vida eterna. Tu naturaleza pecaminosa y la mía fueron crucificadas en la cruz con él. El «antiguo tú» murió y Jesús resucitó el «nuevo tú». Como seguidores de Cristo ya no estamos bajo el poder del pecado.

La muerte de Jesús pagó el precio; su resurrección nos libera.

→ Conócelo

• **No intentes enmascarar el pecado.** Nuestros pecados específicos son, y nuestra naturaleza de pecado es, un recordatorio minuto a minuto de que toda la raza humana sufre de la misma enfermedad. La Biblia no solo afirma que «Todos han pecado y están destituidos de la gloria de Dios» (Romanos 3.23), sino que tampoco dice que «Todos los que vienen a la fe no pecan y no siguen necesitando un Salvador». Cada uno de nosotros está atascado en el estiércol de nuestra naturaleza, como Pilato, que permitió la ejecución de un hombre inocente... y como los principales sacerdotes que intentaron ocultar la verdad cuando descubrieron una tumba vacía. Incluso como seguidores de Cristo, demasiados de nosotros nos damos palmaditas en la espalda por «no pecar tanto», cuando, en realidad, no hemos hecho más que aprender a ocultarlo mejor que los de fuera de la familia de la fe.

※ **Resuélvelo:** *¿Qué pecados están nublando tu juicio? Enumera algunos de los pasos que puedes dar y que te ayudarán a liberarte de esos pecados.*

• **Acepta el regalo *gratuito* de la gracia de Dios.** Ninguno de nosotros merecemos el amor y el perdón de Dios. Nadie merece la salvación eterna. Podemos *pensar* que sí la merecemos, diciéndonos que nos hemos esforzado mucho y que hemos «sido buenos», pero la verdad es que las palabras *merezco* no entran en la ecuación de la gracia. No ganamos la gracia, no nos sacrificamos por ella y no trabajamos para conseguirla. Del mismo modo, aunque lleguemos a la conclusión de que *no* merecemos la gracia por nuestra mala conducta o nuestros pecados persistentes, seguimos recibiéndola. La gracia no se nos retiene solo por no alcanzar un cierto estándar. La gracia depende enteramente de un único factor: El sacrificio supremo de Jesús. Su muerte en la cruz —que él sacrificara su propia vida por cada uno de nosotros— garantiza que somos perdonados una y otra vez, amados en abundancia por él y que se nos ha dado vida eterna.[3]

> ✳ **Resuélvelo:** *¿Nos parece el don gratuito de la gracia de Dios demasiado bueno para ser cierto? (¿Por qué o por qué no?) ¿Has pensado alguna vez que no eres aceptable a los ojos de Dios? (Explica, por favor.)*

• **Ora: «Señor Jesús, gracias por el don gratuito del perdón, del amor y de la salvación».** Pídele que te ayude a apartarte del pecado a diario y a aceptar el perdón que él extiende a todos los que claman a él.

→ Notas Para El Crecimiento

Una idea clave que he aprendido hoy:

_____

_____

_____

Cómo quiero crecer:

_____

_____

_____

Mi lista de oración:

_____

_____

_____

---

3. Porciones de esta sección han sido adaptadas de Arnie Cole y Michael Ross, *Tempted, Tested, True* (Minneapolis: Bethany House, 2013), p. 228, y Michelle DeRusha ha contribuido en ellas.

PESCA MILAGROSA

> Entonces Jesús les dijo: «Hijos, ¿acaso tenéis
> algún pescado?». Le respondieron: «No». Y Él
> les dijo: Echad la red al lado derecho de la barca
> y hallaréis pesca. Entonces la echaron, y no
> podían sacarla por la gran cantidad de peces.
> —Juan 21.5-6

→ Imagínatelo

El pesar se convierte en gozo

A Pedro no le apetece mucho hablar.

Él y otros discípulos han soltado amarras en el Mar de Galilea, haciendo lo que pueden para seguir adelante con su vida. Al menos el mundo del pescador tiene sentido: redes, cañas, arpones, mástil, vela, remos, el olor del agua salada, el calor del sol en su espalda.

Al pequeño grupo de amigos les acababan de arrancar el corazón del pecho. Su Maestro, su Señor —aquél que ellos creían ser el Mesías— había sido clavado en una cruz y ejecutado. Pero por si esto no hubiera sido bastante, Pedro le había dado la espalda.

«Tú eres uno de sus discípulos, ¿verdad?», le había preguntado alguien solo unas horas antes de la crucifixión.

Temiendo por su propia vida, las horribles palabras salieron con suma rapidez de sus labios: *No soy*.

Pero hay algo que Pedro apenas puede soportar: ¡No pronunció esta frase una sola vez, sino tres! Y, apenas profirió su tercera negación, un gallo empezó a cantar, exactamente como lo había predicho Jesús.

¿Qué esperanza queda, pues, para el hombre cuyo nombre significa *roca*?

De repente, Pedro oye la voz en la que había llegado a confiar, esa voz reconfortante e irresistible. Desde el agua levanta la vista y ve a un hombre arrodillado en la orilla, solo, intentando encender una hoguera. El tipo le está gritando a su tripulación, preguntando si han pescado algo.

«No», contesta Pedro gritando.

«Echen la red a la derecha del barco y atraparán algo».

¿Pero de qué va este tipo?, se pregunta Pedro. *Lo último que necesito es que un marinero de agua dulce que me diga cómo hacer lo único que sé hacer.*

Pero la voz de este hombre le parece extrañamente familiar. Y cuando los muchachos siguen las instrucciones del hombre, ocurre algo milagroso: Apenas pueden arrastrar la red por el gran número de peces.

«¡Es él!». Juan es el primero en darse cuenta de que el hombre no es ningún extraño. Antes que poder pronunciar otra palabra, Pedro se lanza al agua —vestido— dejando que el resto de ellos peleen con el pescado.

Salpica, bracea y nada como puede; afortunadamente el barco está tan solo a un centenar de metros de la orilla. Cuando sale del agua, puede ver cada rasgo del rostro del Señor. ¡Es realmente él!

Pedro está de pie en la orilla, en silencio, sintiéndose completamente desdichado e indigno. ¿Por qué lo hice? ¿Cómo pude negar a mi Señor? Cuando las cosas se pusieron difíciles, ¿por qué me desmoroné?

Jesús había encendido un fuego de brasas; sobre él había pan y pescado. ¿Desayuno para uno? Entonces Jesús miró más allá de Pedro y fijó sus ojos en los demás discípulos que luchaban por remar hasta la orilla y remolcar la pesada net. «Traigan pescado del que acaban de capturar», les indicó.

Pedro vuelve a entrar en el agua y ayuda a arrastrar las redes a tierra seca. Él y los demás hombres extienden una amplia alfombra de relucientes peces, en total ciento cincuenta y tres.[1]

«Vengan y desayunemos», invita Jesús.

1. Ver Walter Wangerin, Jr., *The Book of God* (Grand Rapids, MI: Zondervan, 1996), p. 833.

A estas alturas los discípulos ya saben quién es él, pero tienen miedo a decir algo. Les sirve el pan y el pescado, y comen en silencio.

→ Escúchalo

Explora la Palabra: Juan 21.1-14

¿Puedes imaginar el tira y afloja de las emociones que Pedro sintió aquella mañana? Primero desesperanza, luego, culpa y remordimiento... y, por fin, un gozo que hacía saltar su corazón. Pero, entonces, una mirada a Jesús y un firme tirón de la «cuerda emocional» lo llevan de regreso a la vergüenza.

Al leer yo (Michael) este pasaje de las Escrituras, una frase me viene a la mente: *seguidor de Cristo convertible.*

Piensa en esto: En la vida hay un montón de artilugios que son convertibles como coches, ropa, ordenadores, utensilios de cocina. Con un tirón y un golpe puedes transformar un descapotable en un sedan a prueba de tormenta... o el maletín de tu manejable portátil en el lugar de trabajo a máxima velocidad. ¿Pero se te ha ocurrido alguna vez que los cristianos puedan ser también convertibles? (Tristemente, Pedro nos da el ejemplo perfecto.)

Los tipos de creyentes que estoy describiendo actúan de un modo en la iglesia y en casa y se transforman en otra persona cuando están con la multitud. La Biblia tiene una forma dura de describir a los cristianos convertibles: *hipocresía.* ¿Eres culpable de una fe falsa? ¿Vagas por la vida con convicciones convertibles? Si es así, ¿cómo puedes reimplantar «autenticidad» a tu caminar cristiano?

→ Conócelo

• **Descifra cómo se ve la verdadera convicción.** Se ha dicho: «Una creencia es lo que sostienes; una convicción es lo que te sostiene a ti». Con todo, una convicción no tiene sentido alguno si se vuelve convertible. Una convicción verdadera debe incluir el compromiso de vivir según lo que afirmamos creer. De manera que, para el cristiano sincero, la fe auténtica es una resolución coherente e inmutable, el propósito determinado de seguir a Jesucristo y sus enseñanzas.

> ✳ **Resuélvelo:** *¿Qué les ocurre a tus convicciones —tu fe— cuando llega el estrés? (Mantén en mente que una buena forma de reconocer la fe real de la falsa consiste en observar lo que ocurre cuando estás bajo presión.) ¿Eres sistemáticamente de Cristo cuando golpea la presión... o te vienes abajo?*

• **Permite que Cristo te dé poder.** Jesús mismo nos da poder para que podamos vivir para él. Nos proporciona la fuerza de permanecer coherentes... y no plegarnos y ser unos hipócritas cobardes. (Por supuesto, tenemos que poner algún empeño.) Podemos ser mejor persona en casa, en el trabajo, en la iglesia... y con nuestros amigos. Cristo nos da la fuerza. «Estando convencido precisamente de esto: que el que comenzó en vosotros la buena obra, la perfeccionará hasta el día de Cristo Jesús» (Filipenses 1.6).

> ✳ **Resuélvelo:** *¿Te cuesta, como a Pedro, mirar a Cristo a los ojos? ¿Cuál es tu primer paso para arreglar tu relación con él... y abrirnos paso a través de pecados como la hipocresía? (Consejo: Ve a Santiago 5.12 para buscar la clave.)*

• **Ora: «Jesús, ayúdame a escapar de una fe falsa».** Pídele que te revele los ámbitos de tu vida que necesiten que trabajes en ellos (pecados que confesar, hábitos que vencer, deseos de comprometerte con él.) Pídele que depure las antiguas formas de pensar y de actuar, en especial un estilo de vida lleno de envidia, orgullo, enojo, celos, lujuria y confusión.

→ Notas Para El Crecimiento

Una idea clave que he aprendido hoy:

_____

_____

_____

Cómo quiero crecer:

_____

_____

_____

Mi lista de oración:

_____

_____

_____

JESÚS ES «EL CAMINO, LA VERDAD Y LA VIDA»

DÍA 36:

PEDRO CONSIGUE UNA SEGUNDA OPORTUNIDAD

Cuando terminaron de desayunar, Jesús le preguntó a Simón Pedro: «Simón, hijo de Juan, ¿me amas más que éstos?». «Sí, Señor, tú sabes que te quiero», contestó Pedro. «Apacienta mis corderos», le dijo Jesús.

—Juan 21.15

→ **IMAGÍNATELO**

Una dura conversación sobre fe… y devoción

La pregunta de Jesús es penetrante: «¿Me amas más que estos?».

Sin duda la mente de Pedro se está remontando a su jactanciosa afirmación en el Aposento Alto durante la última cena: «Señor, daré mi vida por ti», había dicho impulsivamente durante aquel momento conmovedor.

Y, por supuesto, Jesús lo sabía todo. Contrarrestó con una dosis de realidad: «¿De verdad darías tu vida por mí? ¡De cierto te digo que antes de que el gallo cante me negarás tres veces!».

Pero mientras están allí sentados a orillas del Mar de Galilea y trabajan en la reconciliación, Jesús no solo está cuestionando la devoción de Pedro, sino que está usando el antiguo nombre de este antes de que él se lo cambiara. Es como si estuviera dándole un empujoncito para que empezara de cero. Es como si estuviera haciendo borrón y cuenta nueva. Y Jesús no le pregunta solo una vez a Pedro si lo ama; ¡el Señor pregunta tres veces!

Los sentimientos de Pedro están heridos ahora y las compuertas de la emoción revientan. Inclina la cabeza y empieza a llorar como un niño. No puede levantar el rostro y mirarlo. «Señor —dice—. Tú sabes todas las cosas. Sabes que te quiero».

Pedro siente la mano del Señor sobre su hombro. Jesús está arrodillado delante de él. Pone su dedo bajo la barbilla del discípulo y le levanta la cabeza. Pero mira a través de sus lágrimas y ve los ojos del Señor llenos de tal bondad que llora aún más.[1]

«Entonces, apacienta mis ovejas».

«Simón —prosigue Jesús—, la verdad es que cuando eres joven puedes cuidar de ti mismo, ser tu propio dueño. Pero te harás mayor y tendrás que extender tus manos. Necesitarás ayuda para vestirte y te llevarán a lugares donde no quieras ir». Jesús está insinuando cómo acabará sus días y cómo honrará a Dios en su muerte.[2]

A continuación, el Señor acaba con la invitación que le hizo al principio: «Sígueme».

→ Escúchalo

Explora la Palabra: Juan 11.17-44

Pedro negó tres veces a Jesús en el patio de la casa del sumo sacerdote. Y Jesús le hizo confesar tres veces su lealtad. Fue una experiencia dolorosa, pero era necesario demostrar a los discípulos y a Pedro que había regresado al grupo, que se le asignaba de nuevo la tarea de cuidar de otros. No siempre sería un trabajo fácil, pero mientras permaneciera humilde y dependiera del poder de Dios y no de su propio ego, tendría éxito.

La confesión es la respuesta sanadora a su caminar deficiente.

No tienes que vivir con una enorme carga de culpa y vergüenza en tu vida. Cristo te está alcanzando con sus brazos abiertos de par en par; ve a él en oración. Háblale de tus pecados, dile que lo sientes y él te perdonará. «Si

---

1. Wangerin, p. 834.
2. Charles B. Templeton, *Jesus* (Nueva York, NY: Simon and Schuster, 1973), p. 194.

confesamos nuestros pecados, Dios, que es fiel y justo, nos lo perdonará y nos limpiará de toda maldad» (1 Juan 1.9).

Una vez que has confesado tu pecado y le has pedido a Jesús que te ayude a cambiar (se llama arrepentimiento), puedes dejar de flagelarte. Estás perdonado por completo. Ahora, con tu relación plenamente restaurada con Dios, puedes tomar pasos hacia el crecimiento y el cambio. (El Espíritu Santo te ayudará.)

Entiende esto: El Señor no se dará por vencido contigo, aunque se trate del mismo pecado que confesaste ayer. En Jesús hallarás aceptación, amor y libertad... a pesar de tus defectos. Pídele que entre más hondo en tu corazón y que sane la causa real de lo que te está haciendo tropezar.

→ Conócelo

• **Anula la mentira con la verdad.** En *Back to the Bible* recibimos cartas de cristianos que luchan con todo tipo de cosas: vivir con pensamientos lujuriosos, problemas de cotilleo, envidia, celos y enojo, adicciones; la lista sigue y sigue. Cada persona que me escribe se hace eco de la misma súplica desesperada: «¡Es como si mi problema me controlara! Le ruego a Dios que me perdone y hasta prometo dejar de hacer lo que no quiero hacer. Pero luego fracaso una y otra vez. ¡AYUDA!». En cada caso, el verdadero problema no es por lo general aquel que la persona cree. Las luchas con las drogas o la lujuria son casi siempre los síntomas nada más. El verdadero problema es, en realidad, un problema de corazón. Y la única forma de reparar un corazón confuso, lleno de pecado, es tener un encuentro diario con la verdad. Esto significa pasar tiempo en la Palabra y en oración, así como en la comunión de otros creyentes.

✳ **Resuélvelo:** *¿Te sientes como si tu fe estuviera atascada? ¿Están nublando las mentiras tu juicio?*

• **Implícate a diario en la Palabra de Dios.** La Biblia es más que un puñado de letras impresas sobre papel. Las Escrituras están vivas y en activo. Por encima de todo, están inspiradas por Dios. En ellas hay un componente que satura nuestro corazón y moldea nuestra vida para que sea lo que Dios quiere que sea. Combina la lectura de la Biblia con la oración y tendrás un arma poderosa, una espada invisible, por así decirlo, que puede repeler cualquier engaño y derrotar CUALQUIER lucha que amenace con atraparnos.

✳ **Resuélvelo:** *Durante la pasada semana, cuenta con qué frecuencia has leído la Biblia: (1) a diario, (2) unas pocas veces, (3) en absoluto. ¿Crees que tu regularidad —o la falta de ella— está relacionada con la salud de tu vida espiritual? (Explica, por favor.)*

• **Ora: «Señor, quiero una relación correcta contigo. Te confieso ahora mismo mis pecados».** No te refrenes, cuéntaselo todo. Dile cuánto lo lamentas, y dale las gracias por su perdón.

→ Notas Para El Crecimiento

Una idea clave que he aprendido hoy:

_____

_____

_____

Cómo quiero crecer:

_____

_____

_____

Mi lista de oración:

_____

_____

_____

DÍA 37:

EN EL CAMINO DE EMAÚS

Luego, estando con ellos a la mesa, tomó el pan,
lo bendijo, lo partió y se lo dio. Entonces se
les abrieron los ojos y lo reconocieron, pero él
desapareció. Se decían el uno al otro: «¿No ardía
nuestro corazón mientras conversaba con nosotros
en el camino y nos explicaba las Escrituras?».
—Lucas 24.30-32

→ IMAGÍNATELO

Jesús camina con los dos viajeros

El mismo día que Jesús se levantó de la tumba, dos seguidores de Cristo de la aldea de Emaús deciden abandonar
Jerusalén y poner rumbo a su hogar. Mientras recorren los
once kilómetros de distancia, hablan abiertamente de todo
lo que ha sucedido.

Jesús se pone a su altura, disfrazado de algún modo.

Empieza formulando preguntas, poniéndolos a prueba
para ver cuánto entienden de lo ocurrido. Los discípulos
detienen sus pasos y observan fijamente al Cristo disfrazado. Las expresiones del rostro de ellos es una mezcla de
tristeza e incredulidad.[1] Uno de ellos llamado Cleofas pregunta: «¿Eres tú el único visitante de Jerusalén que desco-
noce las cosas ocurridas en estos días?».

Jesús les sigue el juego. «¿Qué cosas?».

«Sobre Jesús de Nazaret —responden ellos—. Era un
profeta, de palabra y hechos poderosos delante de Dios y de
todo el pueblo». (Es probable que Jesús hiciera una mueca

---

1. Templeton, p. 190.

al oír la descripción; siguen sin entender que él es el Hijo de Dios, la Luz del Mundo, ¡el Señor y Salvador de todos!)

El que hablaba prosiguió: «Los principales de los sacerdotes y nuestros gobernantes lo entregaron para ser sentenciado a muerte y lo crucificaron. Pero habíamos esperado que fuera aquel que iba a redimir a Israel. Y, lo que es más, han pasado ya tres días desde que esto ocurrió. Además, algunas de nuestras mujeres nos han asombrado. Esta mañana temprano fueron a la tumba, pero no hallaron su cuerpo. Vinieron y nos dijeron que habían visto una visión de ángeles que les dijeron que estaba vivo. A continuación, algunos de nuestros compañeros acudieron a la tumba y la encontraron como las mujeres habían explicado, pero no le vieron a él».

Finalmente, Jesús les aclara las cosas. «¡Cuán necios son ustedes! —les dice—, ¡Y qué lentos de corazón para creer todo lo que los profetas anunciaron! ¿Acaso no tuvo Cristo que sufrir estas cosas y entrar después en su gloria?».

Conforme recorrían el resto del camino hasta Emaús, les da una lección de citas e historias del Antiguo Testamento que enseñan que el Mesías tiene que venir y sufrir por los pecados de la humanidad. Los dos viajeros recuerdan la enseñanza de Jesús y quiere escuchar más, así que lo invitan a permanecer en Emaús; no es la habitual invitación por cortesía de hospitalidad, sino una súplica apasionada de que se una a ellos para cenar y pasar la noche.[2] «Quédate con nosotros, porque casi es de noche; el día casi ha terminado».

Jesús accede.

Tras lavarse y sentarse a cenar, el Señor se conduce como si fuera el anfitrión y no el invitado.[3] Toma el pan y lo parte en trozos para todos los comensales, y pronuncia una oración de agradecimiento. En un abrir y cerrar de ojos, se dan cuenta de quién es él.

¡Es verdad que está vivo!

2. Leith Anderson, *Jesus: An Intimate Portrait of the Man, His Land, and His People* (Minneapolis, Bethany House, 2005), p. 354.
3. *Ibíd.*, p. 354.

Crecer en Cristo — 177

Pero cuando se percatan, él se ha ido. Se preguntan el uno al otro: «¿No ardía nuestro corazón dentro de nosotros mientras nos hablaba por el camino y nos explicaba las Escrituras?».

Se levantan y regresan de inmediato a Jerusalén. Allí encuentran a los Once y a los que estaba reunidos con ellos, diciendo: «¡Es verdad! El Señor ha resucitado y se le ha aparecido a Simón».

→ Escúchalo

Explora la Palabra: Lucas 24.13-35

¿Te imaginas sus reacciones cuando tomaron consciencia de que Jesús estaba allí junto a ellos? Se quedarían con la boca abierta, su corazón dejaría de latir durante un instante, ¡saltarían de gozo! «¡Es él, Jesucristo! ¡Nuestro Señor y Salvador resucitado de los muertos! Las manos, ¿vieron ustedes las manos? Traspasadas. Oh, Señor mío, ¡estás vivo!».[4]

Ahora piensa en la desesperanza que habían experimentado momentos antes.

De vez en cuando nos encontramos en nuestro propio camino de Emaús, esa larga caminata a través del dolor, la desesperación, la decepción, el temor, la preocupación, la confusión. Durante esos tiempos inquietantes recuerda quién camina a tu lado. Confía en que no te ha abandonado; aférrate a sus promesas en la Biblia.

→ Conócelo

• **Podemos confiar en su Palabra cuando la vida parece estar fuera de control:**

—Bueno es el Señor, es refugio en el día de la angustia, y protector de los que en él confían (Nahúm 1.7).

---

4. Rvdo. Dirk R. Buursma, *Daylight Devotional Bible* (Grand Rapids, MI: Zondervan, 1988), p. 1124.

—Cristo murió por los pecados una vez por todas, el justo por los injustos, a fin de llevarlos a ustedes a Dios (1 Pedro 3.18).

—Porque tanto amó Dios al mundo, que dio a su Hijo unigénito, para que todo el que cree no se pierda, sino que tenga vida eterna (Juan 3.16).

—¡La paz sea con ustedes! —repitió Jesús—. Como el Padre me envió a mí, así yo los envío a ustedes. Acto seguido, sopló sobre ellos y les dijo: «Reciban el Espíritu Santo» (Juan 20.21-22).

—En esto consiste el amor a Dios: en que obedezcamos sus mandamientos. Y éstos no son difíciles de cumplir, porque todo el que ha nacido de Dios vence al mundo. Ésta es la victoria que vence al mundo: nuestra fe (1 Juan 5.3-4).

✳ **Resuélvelo:** *Di por qué piensas que es importante estudiar la Palabra de Dios a diario. ¿Qué ocurre cuando descuidas la Biblia?*

• **Deja que el Espíritu Santo te guíe por el «Libro de Esperanza».** Imagina tener al autor de las Escrituras enseñándonos, como lo hizo con los dos viajeros en el camino de Emaús. Debió de ser increíble caminar junto a Jesús, escuchándole enseñar y poder formularle preguntas. Ahora piensa en esto: En ese tiempo, Jesús solo podía estar físicamente en un lugar a la vez. Las personas tenían que acudir a ese sitio para estar con él. Hoy, sin embargo, todo aquel que le haya pedido que sea su Señor y Salvador tiene dentro de sí al Espíritu Santo, enseñándole e instruyéndole continuamente.

✳ **Resuélvelo:** *¿Por qué escogió Jesús «abrir las Escrituras» al unirse a los dos discípulos en el camino de Emaús? (¿Por qué no se reveló a sí mismo de forma instantánea?) ¿Le pides alguna vez a Jesús que te guíe por las Escrituras? (Explica lo que ocurre cuando lo haces.)*

• Ora: «Señor, cuando la vida es difícil, ayúdame a recordar que no me has abandonado. Dame esperanza cuando todo lo demás parezca perdido».

→ Notas Para El Crecimiento

Una idea clave que he aprendido hoy:

_____
_____
_____

Cómo quiero crecer:

_____
_____
_____

Mi lista de oración:

_____
_____
_____

DÍA 38:

«USTEDES SON TESTIGOS»

«Esto es lo que está escrito», les explicó, «que el Cristo padecerá y resucitará al tercer día, y en su nombre se predicarán el arrepentimiento y el perdón de pecados a todas las naciones, comenzando por Jerusalén. Ustedes son testigos de estas cosas. Ahora voy a enviarles lo que ha prometido mi Padre; pero ustedes quédense en la ciudad hasta que sean revestidos del poder de lo alto».
—Lucas 24.46-49

→ IMAGÍNATELO

Jesús prepara a los discípulos para el ministerio

Los dos discípulos a los que Jesús les habló en el camino de Emaús no perdieron ni un minuto. Han vuelto a Jerusalén, y comparten con los Once y otros seguidores de Cristo todo lo que les ha pasado. Conforme desarrollan su historia y explican cómo Jesús se dio a conocer cuando partió el pan, el Señor aparece de repente en la habitación y se pone en medio de ellos.

«La paz sea con ustedes», dice Jesús.

Todos están perplejos, pensando que están viendo un fantasma.

«No se asusten —les dice—, y no dejen que todas esas preguntas dubitativas se apoderen de ustedes». Jesús entiende sus temores y, para demostrarles que es él en la carne —que ha resucitado físicamente de entre los muertos—, extiende sus manos hacia ellos y aparta su túnica para que puedan ver la herida de su costado. «Miren mis manos, miren mis pies; soy realmente yo. Tóquenme. Mírenme de pies a cabeza. Un fantasma no tiene músculo ni hueso como estos».[1]

Aun así, las noticias parecen demasiado buenas para ser verdad, y están asustados de creer. Jesús entiende de nuevo y en su paciencia pide algo de comer para que sepan que tiene un cuerpo físico. Alguien le da un trozo de pescado asado. Jesús se lo come.

«Recordarán —les dice— que, antes, cuando estábamos juntos, les insistí en que todas las profecías sobre mí en la ley de Moisés, los Profetas y los Salmos tenían que cumplirse. Revisémoslas juntos».

Entonces Jesús les abre la mente para que puedan entender las Escrituras. Empieza otro estudio, explicando cómo se cumplieron las profecías del Antiguo Testamento con su sufrimiento por nosotros. Sigue explicando que el arrepentimiento para el perdón de los pecados debe proclamarse a todo el mundo, empezando justo por allí, por Jerusalén.

«Esto es lo que está escrito: El Cristo sufrirá y se levantará de los muertos al tercer día, y el arrepentimiento y el perdón de los pecados se predicarán en su nombre a todas las naciones, empezando por Jerusalén. Ustedes son testigos de estas cosas. Voy a enviarles lo que mi Padre ha prometido; pero permanezcan en la ciudad hasta que hayan sido revestidos de poder de lo alto».

→ Escúchalo

Explora la Palabra: Lucas 24.36–49

Aunque el primer llamado de nuestro Salvador es: «Ven y sígueme» (Mateo 4.19), el segundo es «Vayan», «vayan por todo el mundo y prediquen las buenas nuevas a toda la creación» (Marcos 16.15).

¿Pero cómo debemos llevar esto a cabo con exactitud? ¿Cómo podemos dejar atrás el temor, quitarnos las máscaras y dejar que las personas vean por dentro a la persona

---

1. Ver Lucas 24.36-41, versión *The Message*, [trad. lit.].

REAL, destinada a la eternidad? ¿Cómo pueden otros encontrarse con el Salvador a través de nuestra vida?

Dios no quiere que escondas tu fe del mundo. Tu llamado es a compartir las Buenas Nuevas. Esto podría significar ir a la casa de al lado y hablarle a tu vecino sobre Jesús... o dárselo a conocer a tus amigos en la escuela, o incluso dentro de tu propia familia. Deja que el amor de Dios resplandezca a través de tu vida para que otros vengan a él. Los cristianos no son los que se pierden los buenos momentos... *es el mundo.*

→ Conócelo

• **Di lo que piensas** en lugar de limitarte a ser educado y a quedarte callado. Tal vez tu amigo no parezca demasiado interesado ahora en las cuestiones espirituales, pero entiende esto: Te está observando a ti y, sobre todo, tu fe. Y si un día viene a ti con una pregunta, tienes que decir lo que piensas. «Más bien, honren en su corazón a Cristo como Señor. Estén siempre preparados para responder a todo el que les pida razón de la esperanza que hay en ustedes» (1 Pedro 3.15).

　※ **Resuélvelo:** *Comparte ahora lo que vas a hablar en los días que tienes por delante.*

• **Ten «agallas».** Mateo 22.37-39 nos dice que amemos a los demás, pero esto no significa tolerar su pecado. (Esto no quiere decir, claro está, que les apuntemos con el dedo o que seamos santurrones.) En ocasiones, la mejor forma de amar a un incrédulo es con la palabra «NO» —«No, gracias, no fumo ni bebo, ni mastico tabaco [inserta la palabra adecuada]»—, y después dejar que tus agallas den testimonio por ti. «Esfuérzate por presentarte a Dios aprobado, como obrero que no tiene de qué avergonzarse y que interpreta rectamente la palabra de verdad» (2 Timoteo 2.15).

✳ **Resuélvelo:** *Comparte tu plan de «levantar al otro»... sin permitir que el pecado tire de ti.*

• **Ora: «Señor, quiero ser un "obrero aprobado" para el reino de Dios».** Pídele a Jesús que te prepare para el servicio.

→ Notas Para El Crecimiento

Una idea clave que he aprendido hoy:

_____

_____

_____

Cómo quiero crecer:

_____

_____

_____

Mi lista de oración:

_____

_____

_____

DÍA 39:

¡LEVÁNTATE DE TU «NO PUEDO»... Y ANDA!

«Toda autoridad me ha sido dada en el cielo y en la tierra. Id, pues, y haced discípulos de todas las naciones, bautizándolos en el nombre del Padre y del Hijo y del Espíritu Santo, enseñándoles a guardar todo lo que os he mandado; y he aquí, yo estoy con vosotros todos los días, hasta el fin del mundo».
—Mateo 28.18-20

→ IMAGÍNATELO

El Señor le hace un encargo a sus seguidores

Los seguidores de Jesús acaban de adorarle en el monte cerca de Galilea y, a pesar de que algunos discípulos sigan dudando en su corazón, Jesús les hace un encargo y les dice que salgan al mundo.

«Toda autoridad me ha sido dada en el cielo y en la tierra —les dice—. Id, pues, y haced discípulos de todas las naciones, bautizándolos en el nombre del Padre y del Hijo y del Espíritu Santo, y enseñándoles a obedecer todo lo que les he mandado».

Al levantar el Mesías sus manos para bendecir a los discípulos con la bendición sacerdotal, las cicatrices que dejaron los clavos eran claramente visibles.[1] Al posarse la mirada de ellos en sus pies heridos por los clavos, se asombran al percatarse que aquellos pies ya no tocan la tierra.

---

1. Dr. Thomas Lancaster, *King of the Jews: Resurrecting the Jewish Jesus* (Littleton, CO: First Fruits of Zion, 2006), p. 221.

Mientras Jesús los bendice, asciende al cielo, subiendo para tomar su lugar como sacerdote en el santuario celestial.[2]

Conforme los bendice, se separa de ellos y es llevado al cielo.[3]

Finalmente llega el momento de marcharse, de ir y preparar un lugar para sus seguidores y enviar al Espíritu Santo. Asciende en las nubes con la promesa de que regresará exactamente del mismo modo (ver Hechos 1.9-11).

→ **Escúchalo**

Explora la Palabra: Mateo 28.16-20

Jesús fue un Hombre con una misión. Desde que el sol nacía hasta que se ponía sanaba a los enfermos, expulsaba demonios de las personas y proclamaba que el día de la liberación había llegado —absoluta libertad del temor, de la inquietud, de los malos pensamientos, de las malas acciones, de la amargura, del dolor— de ir tras lo que el mundo considera importante.

El Creador caminaba con su creación. Y con él llegó la esperanza restaurada y los corazones sanados. Por medio de sus milagros le dijo al mundo: «Yo soy Dios y les he traído vida eterna».

Jesús también nos ha dado un encargo: «Por tanto, somos embajadores de Cristo, como si Dios rogara por medio de nosotros; en nombre de Cristo os rogamos: ¡Reconciliaos con Dios!».[4]

El Señor no nos llamado para que nos escondamos en un grupo cristiano, o para que seamos parte de su «servicio secreto». Como cristianos hemos fundamentado nuestra vida en lo que dice la Biblia, y esto significa que estamos convencidos de que la humanidad es más que un mero accidente cósmico. Jesucristo está transformando nuestra vida, y tenemos que hablarle de ello al mundo. Entiende esto:

---

2. *Ibíd.*
3. Ver Lucas 24.51.
4. 2 Corintios 5.20.

Los que no conocen a Cristo están espiritualmente muertos y van camino al infierno.

Pero como ya habrás descubierto, probablemente, tu nombramiento como testigo no es fácil. El enemigo odia que los creyentes en Cristo sientan carga por el mundo. Sabe que empezarán a orar, dar y hasta ir a los confines de la tierra para compartir las buenas nuevas sobre Jesucristo. De modo que hará todo lo que pueda para distraer nuestra atención.

Ten en mente que Cristo es mayor que el enemigo. Ha puesto al Espíritu Santo dentro de cada cristiano; y, si lo dejamos, seguirá enseñándonos, guiándonos, protegiéndonos cada minuto de cada día, y, por encima de todo, amándonos a nosotros y a través de nosotros.

¿Estás dispuesto a «dejar tu banco de iglesia» y ponerte en marcha? Si es así, sigue el ejemplo de Cristo y acepta su llamado de «ir» y «hablar».

→ Conócelo

• **No conviertas el dar testimonio en algo tan difícil.** Con demasiada frecuencia los cristianos temen liarse al poner palabras a lo que Dios llevó a cabo por medio de la cruz. Nos obsesionamos por las apariencias y perdemos el propósito. Tratamos a los que no son cristianos como proyectos y no como a personas. Hablamos un lenguaje extraño, que los de adentro conocen como «cristianés». Lo mejor que podemos hacer es relajarnos y vivir lo que creemos, con naturalidad, sinceridad, amor y confianza. Si no nos sentimos incómodos por nuestra fe, los no cristianos tendrán mejor oportunidad de ver a Jesús en nosotros.

✳ **Resuélvelo:** *Enumera a las personas a las que puedes darles testimonio, en las semanas que tienes por delante, ora por esas personas.*

• **Siéntete confiado con tu fe.** No deberíamos permitir jamás que el temor nos frene de trabar amistad con un incrédulo. Busca crear relaciones con ellos. Considera las observaciones del legendario evangelista Billy Graham: «Es el temor el que hace que no estemos dispuestos a escuchar el punto de vista de otra persona, temor a que nuestras propias ideas puedan ser atacadas. Jesús no tenía este temor ni era tan estrecho de miras, no tenía necesidad de rodearse de una valla para su propia protección. Conocía la diferencia entre la gracia y la transigencia, y haríamos bien en aprender de él».

> ✳ **Resuélvelo:** *¿Estás preparado con las respuestas sobre tu fe, ¿por qué crees lo que crees?, ¿te ha alentado este libro? (Como siempre, explica tu respuesta.) En los días que tienes por delante, formula respuestas a preguntas que otros puedan hacerte sobre el pecado, la salvación y lo que Cristo hizo en la cruz.*

• **Ora: «Señor, dame un corazón y entusiasmo para la evangelización».** Pídele a Jesús que abra tus oídos y tus ojos a los perdidos y mostrarte a aquellos a los que podrías alcanzar. Ruégale que te dé el valor y las palabras que abrirán sus ojos a su amor y su gracia.

→ Notas Para El Crecimiento

Una idea clave que he aprendido hoy:

_____

_____

_____

Cómo quiero crecer:

_____

_____

_____

Mi lista de oración:

_____

_____

_____

DÍA 40:

CON LENGUAS COMO FUEGO

Cuando llegó el día de Pentecostés, estaban todos juntos en el mismo lugar. De repente, vino del cielo un ruido como el de una violenta ráfaga de viento y llenó toda la casa donde estaban reunidos. Se les aparecieron entonces unas lenguas como de fuego que se repartieron y se posaron sobre cada uno de ellos. Todos fueron llenos del Espíritu Santo y comenzaron a hablar en diferentes lenguas, según el Espíritu les concedía expresarse.

—Hechos 2.1-4

→ IMAGÍNATELO

Llenos del Espíritu Santo

Andrés queda perplejo por lo que ve. Parpadea unas cuantas veces y vuelve a enfocar su mirada. «¡No puede ser! ¿Está ocurriendo esto de verdad?».

Justo allí, en la atiborrada sala del Aposento Alto de Jerusalén, él y los demás discípulos se están encontrando con algo *sobre*natural. Empieza con un sonido como un viento violento. Entonces Andrés le lanza una mirada a su hermano, Simón Pedro, y ve algo como una lengua de fuego que se posa sobre su cabeza. Y Simón comienza a hablar con entusiasmo, pero en una lengua que Andrés no ha oído nunca antes.

De repente, el rugir del viento ya no suena; es una tormenta dentro de su propia alma, y Andrés está lleno al punto de explotar. Abre su boca y empieza a hablar con el mismo entusiasmo que Simón, pero en una lengua totalmente distinta.

Sobre todos los discípulos reposan lenguas de fuego. Y todos hablan en diversas lenguas. Los judíos forasteros que los oyen gritar en sus propias lenguas extranjeras han llegado para dar testimonio de ello. ¡Es el Espíritu Santo! Sí, es el poder de lo alto, la promesa de Jesús y *es* lo que Simón ha estado gritando.

Todo el ser de Andrés «canta con la inspiración de Dios».

Cuando algunas personas que están fuera, en los escalones, empiezan a burlarse de ellos diciendo que están borrachos, Pedro grita: «¡No! ¡No estamos ebrios!». Su voz retumbante acalla la multitud. «Ustedes están siendo testigos de lo que Joel profetizó hace mucho tiempo: ¡Dios está derramando su Espíritu! Como dijo el profeta Joel, "en los últimos días los hijos y las hijas de ustedes profetizarán, tendrán sueños los ancianos y visiones los jóvenes. En esos días derramaré mi Espíritu aun sobre los siervos y las siervas"».

«Escúchenme —dice Simón—. ¡Lo que ven y escuchan hoy es obra de Jesús! Arrepiéntase y sea bautizado cada uno de ustedes en el nombre de Jesucristo para el perdón de sus pecados, y recibirán el don del Espíritu Santo. La promesa es para ustedes y sus hijos, y para todos los que estén lejos; para todos aquellos a los que el Señor nuestro Dios llamará».

→ Escúchalo

Explora la Palabra: Hechos 2.1-21

Imagina ser uno de los discípulos en aquel tiempo. ¿Cómo habría sido sentir el poder surgir por todo tu cuerpo? ¡Probablemente era el sentimiento más extraordinario del mundo!

Lo que Pedro le gritó a las masas es verdad. Si has comprometido tu corazón con Jesús, entonces compartes esta experiencia, este «don» sobrenatural, eterno.

El Espíritu Santo —la tercera Persona de la Trinidad— es nuestro Guía, nuestro Ayudador, nuestro Fortalecedor y nuestro Abogado, enviado para vivir en nosotros y controlar cada aspecto de nuestra vida. Como el Padre y el Hijo, Dios Espíritu Santo debe ser creído y obedecido.

Lo primero que el Espíritu te instará a hacer es a hablarles de Jesús a los demás.

Con el poder del Espíritu Santo, Pedro se tomó a pecho su nombramiento celestial. Compareció ante el Sanedrín, los mismos hombres que pronto asesinarían a Esteban. Fue Pedro quien más tarde llevó el mensaje de la salvación a los gentiles. Pedro fue el hombre al que el rey Herodes encarceló por negarse a dejar de predicar las Buenas Nuevas, y que posteriormente fue liberado milagrosamente por un ángel. Y fue Pedro de quien Jesús dijo que su muerte «glorificaría a Dios».[1]

Dios envió al Espíritu Santo para llenar nuestros corazones, para que pudiéramos sentir su presencia en nuestra vida. ¿Puedes oír su voz dirigiendo tus pasos? ¿Estás saliendo como Pedro, con poder, como testigo de Cristo?

→ Conócelo

• **Déjate guiar.** El Espíritu Santo es el Consolador que vive en, con nosotros y a nuestro alrededor. Por medio de su dirección puedes cumplir todas las metas y los planes que Dios tiene para ti. Clama a Jesús pidiéndole dirección para entender el mensaje de Dios para ti aquí en cualquier otro sitio de tu vida.

> ✳ **Resuélvelo:** *Comparte lo que Dios te haya asignado en este preciso instante. Si no sabes lo que es, pide a otros que oren contigo.*

• **Siéntete alentado.** El Espíritu echa fuera el temor —al rechazo, al cambio, al fracaso— y proporciona esperanza

---

1. Juan 21.19.

y valor para enfrentar los desafíos de la vida. Jesús dijo: «Cuando venga el Espíritu Santo sobre ustedes, recibirán poder y serán mis testigos».[2] En tiempos de problemas —cuando las cosas parecen demasiado difíciles de manejar— el Espíritu Santo es quien está aquí para ayudarte. Confía en él y ten por seguro que él es tu consuelo y tu paz.

> ✳ **Resuélvelo:** *Comparte tus temores y debate los posibles obstáculos para cumplir la asignación que Dios tiene para ti. Pídeles a otros que oren contigo sobre esto.*

• **Ora: «Señor, lléname del Espíritu Santo».** Pídele que te arrastre a su círculo interno, ayudándote a conocerle mejor. Ruégale al Señor que te dé dirección y sabiduría durante los periodos de confusión y momentos de tranquilidad, durante los periodos que implican grandes y pequeñas decisiones.

→ Notas Para El Crecimiento

Una idea clave que he aprendido hoy:

_____

_____

_____

Cómo quiero crecer:

_____

_____

_____

Mi lista de oración:

_____

_____

_____

_____

---

2. Hechos 1.8.